Sendenkaigi Textbook: Basic English for Marketing

マーケティング英語の教科書

完璧ではなくても、
仕事で自信を持てる英語

松浦良高
Yoshi Matsuura

宣伝会議

はじめに

「日常会話ではなく、ビジネスで必要な英語を学びたい」
「TOEIC700点を超えたのに、ペラペラだと感じられない」
「アジア人とは英語で話せるのに、欧米人が出てくると緊張する」

　著者はこれまで、ビジネスの実務担当の方々に現場で使える英語を教えてきました。その際よく聞いたのが上記のようなコメントです。この本は、このような悩みに応えようと思って書きました。著者自身が英語に関してビジネス現場で学んできたことのすべてを共有したいと思います。

　著者は、株式会社マッキャンエリクソン（以下、マッキャン）という世界最大級かつ業界の最高賞を数多く受賞している外資系広告会社の日本オフィスで、戦略プランニング本部の責任者を務めています。この部門では多くのクライアント企業の戦略構築のお手伝いをしています。例えば、クライアントであるメーカーの商品をターゲット消費者に認知、理解してもらって販売を促進するための戦略を構築します。そのためには消費者調査もしますし、データ分析、競合分析、などのあらゆる分析手法を駆使して、クライアントのビジネスに貢献する戦略を構築します。私のクライアントは、欧米のグローバル企業と日本企業が同じ程度の割合ですが、特に最近増えているのが日本企業の海外展開・グローバルブランディングに関する相談です。

マッキャンの本社はニューヨークにあります。世界100か国以上にオフィスがあり、従業員も2万人以上いるため、各国の同僚たちと仕事をすることも多く、日本においても上司にも部下にも外国人が多いことが特徴です。私もイギリス人の上司と毎日会議をして、アメリカの同僚たちとのメールのやりとりや電話会議をこなし、部下のイギリス人と共に働いています。その中で、**グローバルな広い視野を持って業務に取り組む重要性を日々感じています**。このように、マッキャンではほぼ日常的に英語を使う環境にあります。また、社内での英語研修の講師を務めるなど、外資系社員の英語力向上の推進メンバーも務めています。最近では、社外でもその知見を活かし、宣伝会議のマーケティング英語講座の講師も務めています。本書ではそれらの場で講義している知見のすべてをご紹介いたします。

　私は、今でこそ英語を使ってビジネスしていくことに自信もありますが、かつてキャリアをスタートさせたのは日系の広告会社でした。そこから、現在に至るまでの約20年間、ビジネス上の英語スキルを上げるために、継続的に英語の勉強と経験を積んできました。かつてはアメリカの大学院にも留学しましたが、**その帰国時よりも、今の方がはるかにビジネスにおける英語には自信があります**。留学経験者や帰国子女の方にはわかると思いますが、**留学や日常生活で学ぶ英語と、ビジネスの英語は違うもの**なのです。日系の会社から外資系に移ったときは、自分の英語に自信を持てずに苦労しました。

　ここでお見せするのも恥ずかしいのですが、こちらの写真は、会社に入る前に英語を勉強していた頃の私の単語帳です。

入社前の著者の単語帳

uplitude	知見、個性、個性
optimistic	楽天的な
advertisement	広告、公告
vista	見通し、遠景、通り、町並
knack	巧みなやり方、こつ、くせ
rely (on, upon)	頼る、あてにする
multi→ multiple shop (store)	チェーン店
conglomerate	複合企業
firm	会社
headquarter	司令部、本部、事務所
implement	道具、用具
detect = find out	見つける
probe	摘発調査
execute	処する（死刑）執行する
drifter	漂流者、放浪者
admit	承認する、認める
slay	殺める
bound	bind の過去、しばる
adhesive(a.n) adhesion (n)	粘着性の

ご覧になってお分かりになる通り、とても簡単な単語が書かれています。その一方で、かなり利用頻度の低そうな単語も書かれています。きっとこの頃は、どれが使える英語で、どれが使えない英語なのかの見極めもついていなかったのだと思います。ただ参考書などからやみくもに覚えようとしていたように記憶しています。そのような時代から、今に至るまでずっと英語は勉強し続けてきているわけですが、**長年ビジネスで英語を使っている中で、ビジネスの現場で使われる英語は、かなり絞られたものだと感じています。**このような使用頻度の高い単語もそうですが、考え方なども含めて、この書籍では、私自身のここまでの英語に関する学びのすべてを読者の皆様と共有したいと思います。

THIS BOOK'S KEY Points

◪ この本のポイント

- **自分の英語に、自信を持つことが一番大事。それは、そんなに難しいことではない。**

  世界の共通語は、下手な英語。ネイティブではないのが当たり前。それを理解した上で、自信を持つためには、ビジネス英語の基本原則を知り、自分なりのものの見方（POV）をもつことが鍵。

- **マーケティングのフレームを使うと効率的にビジネス英語の単語とフレーズを学べる。**

  どのようなビジネスをしていても、お客様、自社、競合の分析をした上で、戦略をつくっています。戦略フレームを活用して、そこに関連する英語に特化することで、効率的に学べます。

- **世界で通用する、ビジネス英語の型を知っておこう。**

  自己紹介、プレゼン、メール、会議、電話会議、スピーチなど、様々なシーンで使われる英語には、決められた手順と型がある。それは、言語的なことだけではなく、業務の進め方とも関係しているので、日本語で業務していても役に立つことも多い。

会話音声のダウンロードについて

本書で紹介した一部の例文（🔊）については、実際の会話音声を配信しています。下記の URL にアクセスし、ZIP ファイルをダウンロード後、パスワードを入力し、ご活用ください。

◢ URL

https://www.sendenkaigi.com/books/business/13356

◢ パスワード

Senden_emc

※本書初版発行日より1年を経過した後は、告知なしにダウンロードを打ち切る場合がございます。予めご了承ください。

CONTENTS

はじめに ……………………………………………………………………… 3
序　グローバル時代を生き抜く日本人のために ………………… 11

PART

1 | 世界の共通語は
「下手な英語」である

ネイティブスピーカーには絶対なれない …………………………… 22
自信を持ったスピーカーになろう …………………………………… 27
ビジネス英語　8つのレベル ………………………………………… 33

PART

2 | ビジネス英語　暗黙のルール

英語は、自分の考えをはっきりさせることが求められる言語 … 40
ロジカルな説明力を高めよう ………………………………………… 47

PART

3 | フレームでおさえる
マーケティング英語

3Cで現状を分析する …………………………………………………… 57
4Pフレームワークで戦略を立てる ………………………………… 69
その他のフレーム ……………………………………………………… 81

PART

4 | シチュエーション別
使える英語

自己紹介 ………………………………………………………… 90
プレゼンテーション …………………………………………… 97
会議・ディスカッション ……………………………………… 108
メール …………………………………………………………… 116
電話会議 ………………………………………………………… 129
スピーチ ………………………………………………………… 137
マーケティング施策やクリエイティブの評価 ……………… 139

PART

5 | 無理なく続けられる
英語学習法

著者の英語勉強法 ……………………………………………… 148
スマホアプリの活用 …………………………………………… 156
リアルな学びの機会 …………………………………………… 160

おわりに ………………………………………………………… 166
厳選ビジネス英単語100 ……………………………………… 169

序 | グローバル時代を生き抜く日本人のために

この本は、以下の方を対象にしています。

- 日本の企業、公共団体で**突然海外ビジネス担当になった方**
- **英語力を高める必要性を長年感じている**ビジネスパーソン
- 英会話スクールに通っているが、**ビジネス英語に伸び悩みを感じている**方
- 外資系企業で働いているが**さらに英語スキルを伸ばしたい方**
- **インバウンドビジネスで外国人と接する機会が増えた方**
- **将来グローバル人材として活躍したい学生**

　今ビジネスの現場において、英語のニーズが格段と増えてきているように感じます。それは、日本企業でも、外資系企業※でも、同じことだと感じています。またビジネスといっても、メーカー、小売、流通、商社、観光、IT、コンサル、地方公共団体、NPO などいろんな組織があるわけですが、この本は幅広く**ビジネスであれば誰もが関係するマーケティングに関する英語**を中心に取り上げていきます。今の時代は、たとえ肩書がマーケティング担当ではなくても、営業も、広報も、開発も、誰もがモノやサービスを紹介して売るマーケターであることが求められる時代です。したがって、この書籍では、英語を使ってビジネスをしないとならないすべての日本人に貢献できるものにしたいという思いで書いています。

※外資系企業ですと全員英語ができるイメージもあるかもしれませんが、実際にはそんなこともありません。もちろん英語が非常に流ちょうな人もいますが、そうではない人も数多くいます。私が勤めているマッキャンでも、多くの人が、さらに自分の英語力を高めるために一生懸命取り組んでいます。

英語のニーズは増加の一途

　株式会社マーシュによる外国語学習に関するアンケート調査（https://www.marsh-research.co.jp/mini_research/mr201402english.html）によると、働いている人の半分以上が英語の学習に興味を持っているというデータがありました。この数字は、英語の次に人気のある中国語やフランス語などと比べると圧倒的に高い数字です。私が感じた英語学習への情熱の背景には、これほどたくさんの英語学習ニーズが存在していたわけです。近年ではイギリスの EU 離脱やアメリカのトランプ大統領による自国第一主義などこれまでのグローバル化に反対する動きもあるものの、実際にビジネスのクロスボーダー化や、人の往来は止めることはできません。

　最近では都市部でも地方でも多くの外国人を見掛けるようになりました。日本政府は東京オリンピックが開催される 2020 年に、外国人訪日旅行者数 4000 万人を目指しています。この数は、2000 年の外国人訪日旅行者数 476 万人からすると非常に大きな目標です。しかし、すでに 2017 年には 2869 万人が日本を訪れていて、4000 万人を実現に向けてこの数年でも訪日外国人は急増しています。さらには、2030 年には 6000 万人の旅行者獲得が計画されていて、日本の中に外国人が増えていくという趨勢は、今後ますます加速していくように感じています。

　そしてこの動きは、目に見える形で、インバウンドなど、様々なビジネスの機会拡大につながっています。観光庁の発表によると、2017 年累計の訪日客による旅行消費総額は 4 兆

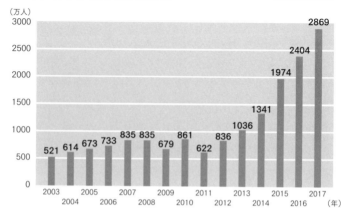

4161億円と発表されています。しかも、前年比で17.8%も伸びているというのは驚きです。もちろん内訳を見ると訪日外国人は主にアジアからの観光客が多いとされますが、それであってもこの4兆円以上もの取引に当たっては、共通語としての英語が求められるケースも多いでしょう。にもかかわらず、サインや店舗、サービスの英語化は不十分なところがあります。このあたりも、急速に変わっていくことでしょう。

　また、ビジネスであっても、国境を越えた活動は今まで以上に活発化してきています。例えば、研究開発センターは中国、ソフトウェア開発はインド、コールセンターはフィリピンなどと、機能を世界中の都市に配置している企業が増えています。一方で、日本市場は、市場の成熟化、人口の減少によって、これまでのようには成長できないことが明確に予見されています。そのような中で、海外売上比率を高めていくことを中期経営計画の中に据えている日本企業が多くなっています。私も多

くの日本企業の海外展開に関するコンサルティングをお手伝い
していますが、日本企業のグローバル展開に関するお問い合わ
せ件数はこの数年で一気に増えています。感覚値ですが、3年
前の約5〜6倍に増えているのではないでしょうか。多くの
日本企業がすでに何年も海外事業を展開してきていますが、欧
米の事務所も発展し、本格的なビジネスを展開しようとする中
で、ヘッドクォーターである日本本社と各国事務所とのやりと
りもこれまで以上に増加しているように感じます。日本企業に
よる海外企業のM&A案件も増えています。日本企業のグロー
バルビジネスも新しい展開に入ってきていると、日々ビジネス
の現場で感じています。

　それと関連して、海外に居住する日本人社員も増えています
し（※外務省海外在留邦人数調査統計）、日本本社内でも海外
とやりとりをする部署で働く人も増え、外国人の上司や同僚も
増えています。それを反映するように英語を共通語としたコ
ミュニケーションの促進のためにも社内昇格試験として一定の
点数が求められるのはご存知の通りです。一般的にTOEIC
などのテストを社内で実施・活用している企業は上場企業の中
でも3割以上と言われています。職位クラスによって要求点
数が異なるケースが多く、課長クラスだとTOEIC500点以
上、役員クラスだと750点以上が必要など、一定レベル以上
の英語が求められるようになってきています。「昇格したら英
語が必要」という時代から、**「昇格するには英語が必要」とい
う時代**に移ってきています。製造業を中心にこの傾向が見られ
ますが、今後は真剣にグローバル化に対して取り組んでいる企
業から漸次的に社内公用語化も進み、社内における英語の要求

は減速することなくますます加速していくのではないかと感じています。その際には、TOEICはあくまでも目安であり、ビジネスの現場で使える英語がいかに身に付いているかが問われる時代になるでしょう。

　ここまでビジネスにおける英語のニーズが拡大していることを説明してきました。それは当然のことでしょう。日本貿易振興機構のデータによると、日本企業の売上高の地域別比率における「海外」は、2000年に28.6%だったのが、2015年には58.3%にまで拡大しています。ものすごい勢いでの変化が、いま起きているわけです。

　拡大する英語ニーズに対して、**最大の課題は、日本人の英語に対する自信のなさ**でしょう。楽天リサーチが2016年に実施した調査（https://research.rakuten.co.jp/report/20160826/）によると、約7割の日本人が「英語は苦手」と答えているようです。

　ビジネスは、海外市場に向けて拡大していかなければならず、英語のニーズも拡大する一方ですが、**日本人の大多数が英語に自信がないと考えています。**このように、英語に対する大きなニーズがあるのに、英語に自信が無いというギャップ。こういったことも、この本を書こうと思った理由の一つです。

■ この本の特長

　この本では、いくつかの工夫をしました。

　書店や図書館で、これまで出版されている英語関連の書籍を分析してみたところ、そのほとんどは二種類に分類できると感じています。

そのうちの大きな一つは、英単語帳のように、単語あるいはフレーズが羅列されているものです。確かに使える部分も多く、知らない単語やフレーズの勉強になります。しかし一方で、本一冊を埋めるためなのか、重要度的にはそうでもない単語やフレーズも多いように感じます。

　もう一つのタイプは、完全に読み物になっている本です。どちらかというと英語に対する考え方や勉強法を教えるタイプのものです。こちらは読んでいて面白いし、参考になることも多いです。マインド的には、やる気も出ますし、勉強しようというモチベーションのカンフル剤としてはとてもいいと思います。ただ、すぐに明日から自分の英語に何か活用できるかというと、具体的に使える部分は少ないことが多い印象を受けます。

　この本の特徴は、そのどちらか一方のタイプでもなく、「ビジネスのシーンですぐに活用できる」ことを第一に考えて書きました。すぐに使える考え方と単語とフレーズ集をバランス良くまとめています。したがって、もちろん単語やフレーズ集もありますが、その基になる考え方についても書いています。そして、いずれのパートでも、「できたらいいね」ではなく、できる限り「すぐに使える必須のビジネス英語」を厳選しました。

　その結果、本書の構成は以下のようになりました。
・単に英語を覚えるだけではなくて、
　自信を持って英語を使えるような根本的な「考え方」
　（第1章）
・明日から使える、あまり語られることのない
　「ビジネス英語暗黙のルール」（第2章）

- 基本的なマーケティングフレームで押さえる
  「必須の英語とフレーズ集」（第3章）
- ビジネスの現場のリアルなシチュエーション別に押さえる
  「実践的な使える英語」（第4章）
- 多くの英語学習者が取り入れている今どきの
  「無理なく続けられる学習法」（第5章）
- 英語を学んでいる同志たちの「リアルケース」（コラム）
- ビジネスの現場ですぐに使える利用頻度の高い
  「厳選ビジネス英単語100」（巻末）

　使用頻度の高い、「使える英単語やフレーズ集」、あるいは、明日からすぐに取り入れられる英語に対する「考え方」、今すぐにでも取り入れられる「学習方法」などをまとめています。**すぐに使えないような無駄に高度過ぎるフレーズや、到底実践できないような考え方を極力そぎ落として、多くの日本人ビジネスパーソンにとって即座に活用しやすい内容だけを厳選**することに注力しました。

　実はこの、「考え方」「単語とフレーズ」「学習方法」「リアルケース」というのは、右の図のように関連し合っています。英語に関する正しい「考え方」があるからこそ、基本の「単語とフレーズ」が効率的に覚えられる。また、単語やフレーズを覚えることに疲れたら、「学習方法」を変えてみることも有効です。多くの学習方法から、いろいろと試してみることをお勧めします。さらに、英語を勉強するモチベーションが下がってきたら、他の英語学習者の「リアルケース」は、直接の刺激になります。本書執筆に当たって多くの取材もしましたが、英語学

英語学習のポジティブな循環

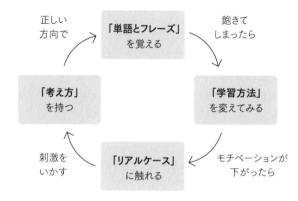

習を順調に続けている人は、このようなポジティブな循環ができていることがわかりました。本書でも、その循環を構成する各パートについて、一つずつ紹介していきます。

英語というのは、学習時間をかければかけるほどできるようになるという考えは、ある意味正しいと思います。でも、現実的には様々な制約があって、（言い訳も含めて）なかなか時間をかけられない。それが現実です。頭でわかっているけど、実行できない。モチベーションを高めて、継続するためにも、これまでに著者がグローバルビジネスの現場で学んできた、厳選した使える英語をまとめて共有します。

時折、このような質問を受けます。「マーケティングの実務をしながら、なぜ英語を教えているのですか？」。それは、著者の信念に**「グローバル化するビジネス環境の中で日本に貢献したい」**という思いがあるからです。もちろん日々の戦略構築

やコンサルティング業務も同様の思いでやっています。そして、英語に関しても、グローバルでの共通言語であるビジネスツールを日本のビジネスパーソンに教えるということは、等しく大切なことのように感じています。**自分も今のビジネス英語レベルに至るまでに、様々な試行錯誤や努力を経てきました。**

　その中で、自分なりに学んだこともあるし、教えてもらったことも数多くあります。それらをまとめて執筆することで、少しでも日本人の読者の方のお役に立てたら幸いです。私の夢は、本書の読者の方から、一人でもいいので、「この本を読んで、英語について自信が付きました」とフィードバックを頂くことです。それが私にとって一番のKPI（主要評価指標）になります。

PART

1 世界の共通語は
「下手な英語」である

この章では、まず私たちが英語を学習するときに目指す
べきゴールを定めます。私たちが目指すべきゴールはど
こでしょうか。また、あなたはどういった英語のスピーカー
になるべきなのでしょうか。私は、ネイティブスピーカー
になることは、大変難しく、目指すべき方向ではないと
思っています。それでは、どこを目指せばいいのでしょう
か。ビジネスで自信をもって英語を使えるようになるため
には、まずは目指すべきゴールをはっきりさせることで、
効率的に学習できるのではないでしょうか。

SECTION

1 | ネイティブスピーカーには絶対なれない

　英語を勉強している人は日本中にたくさんいます。そんな多くの人たちに対していきなりがっかりするようなことを書くのですが、日本人が英語を勉強して**ネイティブスピーカーになるというのは、ほぼ無理**だと思っています。

　もちろん、アメリカやイギリスで幼少期から生活し、中学、高校、大学のような高等教育まで行った人ならほとんどネイティブといえる英語スピーカーになれるかもしれませんが、イギリスに４年間大学留学しただけとか、アメリカに４年ほど現地の小学校に通っていたとか、その程度では、完全なネイティブスピーカーにはなかなかなれないと思います。

　もちろんそのような人たちは、かなりのレベルの英語はできるので、普通の日本人からすると相当英語のできる人だと思えます。それでも真の英語のネイティブスピーカーとは言えません。それは、本人たちが一番よくわかっているようです。私の知り合いに帰国子女がいますが、本人は小学生の時に数年行っていただけなので、よく自分のことを「ニセ帰国子女」というふうに形容していました。彼は、きっともっと高学年の年次で長期間生活していた人のことと比べて自分を「ニセ」と表現していたのだと思いますが、それはなかなか当人にしかわからないことだと思います。

　日本語に置き換えて考えてみるとわかりやすいかもしれません。例えば、欧米人が日本に４年間留学していただけで、我々日本人のようにことわざや慣用句などを駆使して日本語を完璧に操るというのは至難の業だと思います。「釈迦に説法ですが

……」とか、「坊主憎けりゃ袈裟まで憎い」とかを数年の留学だけで使いこなせる欧米人はなかなかいないでしょう。

　私も英語については、一般的に言えば、できる部類に入る方だと思います。しかし、それでも、自分が英語のネイティブスピーカーだと思ったことは一度もありません。むしろ、ネイティブスピーカーとの差を明確に感じますし、当然ではあるのですが、ネイティブというのは通常の日本人では到達できない相当高い英語のレベルだと日々痛感しています。

　例えば、先ほどのケースのように、英語で、こういう言い回しを瞬間的に言えるでしょうか？

Don't try to teach your grandmother how to suck eggs.
釈迦に説法するな

She's a tough cookie.
彼女は自分の意思のはっきりした難しい人だ

I'll just play it by ear.
私は臨機応変に対応します

The dog ate my homework.
すぐにわかるような見え透いた言い訳

　このように、通常のビジネスでの内容以外にも、ジョーク、文化、ことわざ、言い回し、言葉のニュアンス、など含め、相当の深さで全方位的に理解して、何も準備がなくてもそれが即座に出てくるほど英語を自由自在にコントロールができている状態、それほど高い領域が英語のネイティブスピーカーのレベ

ルだと感じています。

　したがって、書店に行くと「ネイティブのように話せる！」、というセンセーショナルなタイトルの書籍がありますが、**ネイティブとはそんなに簡単なことではない**と思います。**むしろネイティブになりたいという考え方が、英語の学習の妨げになっている**のではないかとさえ思います。目指している山が違っていたら、いくら登ろうとしたって頂上に到達できないし、そもそも登ろうとしている山が違うのだから、その時間も無駄になってしまいます。

　ネイティブスピーカーに、我々はなれないし、そもそもネイティブスピーカーになる必要もない、と目を覚ますところからスタートすることが必要なのではないでしょうか。

　もちろんネイティブのように話したいという気持ちは大事ですし、そこに憧れて一生懸命勉強するのはいいと思いますが、きっと私も、多くの読者の方も、最終的にはネイティブスピーカーにはなれないでしょう。しかし、ビジネスの世界で認められるレベルの英語をマスターするということは、決してネイティブスピーカーになるということではないのです。それよりも、**ビジネスで通用する英語を話して、ビジネス成果を出すことが一番の大事なポイント**ではないでしょうか。

　この考え方の転換は、ビジネスで英語を学んでいく上で最も大切なポイントです。ビジネス英語を勉強していく上で、登るべき山はどこなのか？　自分がどのレベルを目指していくべきなのかをはっきりさせることが、勉強してスキルを高めていくときに、まず大事なことになります。

世界の共通語は英語ではない

　世界の共通語は何ですか？と聞かれたら、誰もが「英語」と答えるでしょう。でも、私はそうではないと思います。そもそも世界の共通言語は英語ではない。もっと正確に言うと、世界の共通言語は先述していたようなネイティブ英語ではない。世界の人口は2017年末で76億人を超えたようですが、その中で英語を話せる人は約15〜20億人といわれています。その中で、言語学的に、内心円といわれるイギリス、アメリカ、オーストラリアなどの人口は、わずか4億人にすぎません。B・カチュル（B. Kachru）は、「三大英語円圏」を用いて世界の英語の状況を描写しました。次の図の通り、内円圏、外円圏、拡大円圏の3つの円で表しています。内心圏が、この従来のいわゆる英語圏。英語を母語とする人たちです。外円圏は英語が多数派の人たちの母語ではなくて第2言語として公用語になっているシンガポールやインド、ナイジェリアのような国々です。その一番外側には、拡大円圏と呼ばれる日本、中国、ロシアのような英語が外国語で学習の対象となる国々が位

カチュルによる英語使用の分類

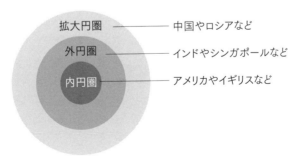

置しています。これは想像通り、円の外側に行けば行くほど世界的な人口も多くなるわけです。そのように考えると、次のように言えるでしょう。

> 「世界の共通語は、下手な英語だ」
> **The world's common language is BAD ENGLISH.**

　世界中の英語をしゃべっている人たちの中で圧倒的に多いのが、英語を非母語として苦労して勉強して何とかしゃべれるようになったような我々のような人たちです。

　そちらの方が多いのだから、ネイティブでないことが圧倒的な多数派なのです。したがってネイティブではないことを気にすることは全くないし、そもそもそこまでできることは期待されていないのです。なので、先述のように、ネイティブスピーカーにはなれないし、そこを目指す必要もないのです。

　ただ、勘違いしてはいけないのは、だからといって、ビジネスにおいて英語を勉強しなくてもいいということではないということです。世界の人たちと何かしら仕事をしてくためには、やはり英語は欠かせないし、ネイティブの山は登らないものの、最低限やっていくためには、登るべき山があって、そこに向けた努力をするべきだと思っています。では、我々日本人が登るべき山とはいったい何なのでしょうか。

PART

1
2
3
4
5

世界の共通語は「下手な英語」である

KEY Points

> 世界の共通語は、下手な英語

> ネイティブスピーカーには、絶対なれない。

> ネイティブスピーカーに、そもそもなる必要もない。

SECTION

2 | 自信を持った
スピーカーになろう

　私は、**英語において日本人が登るべき山は、ネイティブス
ピーカー（Native Speaker）ではなくて、自信のあるスピー
カー（Confident Speaker）という山**だと思っています。

自信のある英語のスピーカーになろう！
Be a Confident English Speaker!

　前述のように、ネイティブスピーカーにはなれないわけです
し、なる必要もない、そして、世界中で共通語として話されて
いるのは、ネイティブではない外国人の英語であるとするなら
ば、**必要最低限の英語を身に付けておけば、あとは堂々として
いればいい**のです。

　最近では、東南アジアに出張で行かれる方も多いと思いま
す。そこで会う現地のビジネスパーソンは、英語で話す時も、
みんな堂々としていますよね。英語の実力自体はそれほど高く
はないこともありますが、そんなことはお構いなしに自分たち
が主張したいことを話してきます。ましてや発音などは二の

27

次、自分の国の言語と同じようなイントネーションで話してくるので、初めて接するときには聞き取りにくいものです。場合によっては、最初は英語かどうかさえわからないこともあります。それでも、**どんな英語であっても、自分たちの言うべきことを伝えようとしているその自信ある姿勢は参考になります**。実際に私は、ビジネスの現場で英語が使えるかどうかを分ける要因の8割は、自信の差にあると感じています。

　よく言われることですが、**日本人は、間違えてはいけないという思いが強過ぎます**。それはもしかすると、歴史的な要因なのかもしれないですし、教育的な要因なのかもしれませんが、いずれにしても、**語学の上達は、間違えたら嫌だという気持ちが一番の障害になります**。このことは、他の英語関係の書籍にもよく書いてあるので、あえて詳述はしませんが、**間違えたくないから、完璧にするまでは話さないという気持ちでいると、いつまでたってもその時は来ない**ものです。後述しますが、6割できるのであればどんどん前に進んでいく、というのが私自身のおすすめの語学の勉強方法です。

自信を持ったスピーカーになるために必要な3つのこと

　自信を持ったスピーカーになれといきなり言われても、それは難しいかもしれません。もちろん、ある程度自分で割り切ってしまえば、臆することなく堂々とすることも多少はできるかもしれませんが、それだけでは足りません。私自身の経験から、自信を持ったスピーカーになるための3つの方法を紹介したいと思います。

①ビジネス英語の基本原則を知る
（＝グローバルレベルでのビジネスプロトコルを知る）

　ビジネスの世界においては、セオリーがあります。それを知っているのと知らないのとでは、全く違います。例えば、会議やプレゼンの始め方や進め方、あるいはディスカッションの時の議論の仕方、はたまた電話会議の時の会議の仕切り方など、決められたシチュエーションでのあるべき流れというものがあります。この大きな流れを知っておくことで、堂々と振る舞うことができると思います。例えるならば、ビジネス英語におけるプロセスや流儀などを知っておくという、いわば**「英語でビジネスする際の全体見取り図」**を頭に入れておくということでしょう。このあたりはまた後ほど、「シチュエーション別使える英語」（第4章）において詳しく紹介したいと思います。

②重要単語・フレーズ

　セオリーを知っていたら、次はそこで使われる単語や常套句を覚える必要があります。ここは少し暗記することも必要になってくるかもしれません。しかし、その種類はそれほど多くありません。**ビジネスにおける英語は、日常会話で必要となる英語と比べると意外とパターン化しています。**したがって、シチュエーション別に必要となってくる重要単語やフレーズをある程度覚えておくだけで、さらなる自信が付いてくると思います。先ほどの例えではビジネス英語におけるセオリーを知ることは「全体見取り図」を入手するようなものだと言いましたが、そこで使われる重要単語・フレーズを知ることは、シーン別に求められる基本的な表現が使えるということであり、家に例えるならば、重要な柱を立てていくようなことに似ています。

③POV

　自信のあるスピーカーになるための最後のポイントがPOVです。POVとは、「point of view」の略になります。日本語に訳すと、視点になるのですが、要するに、**あなたの物の見方**ということになります。

> **Hiromi, what is your point of view (POV)?**
> ひろみさん、あなたはどう見ますか？

　あるいは、単純にこのように聞かれることも多いと思います。

> **What do you think?**
> どう思いますか？

　これは、英語そのものよりも英語的な考え方を身に付けておこうということに近いかもしれません。つまり、**ある事柄に対して、あなたはどう思うのか、ということをいつでも話せるようにしておく**、ということです。非常に欧米的な考えかもしれませんが、ビジネスにおいては必ず意見を聞かれます。

　慣れないうちは、いきなりそんなふうに言われても、わからないよ、という気持ちになる方も多いと思いますが、そのような方のために一つだけ考え方のアドバイスがあります。

　それは、**まずは二択で考える**ことです。

好きか、嫌いか
成功すると思うか、しないと思うか
十分か、十分ではないか
認めるか、認めないか

まず上記のような二者択一で答えてから、その理由を述べる。それだけでもあなたは自分の POV を述べていることになります。このようなあなたなりのモノの見方、あなたなりの意見ということが英語においてはとても重要になります。あなたなりの POV を持つことをぜひ意識しながら英語の勉強もしてみてはいかがでしょうか。

ネイティブではないことを先に宣言しよう

実際に会議に参加することになったときに、先に自分がネイティブではないことを宣言するのも一つの手です。**先に言っておけば、意外とみんな気を付けてくれます。**前にも書いた通り、Bad English の方が大多数ですので、何も恥ずかしがることはありません。自信を持って、わからないものはわからないと言いましょう。私の同僚は冗談も交えてこのように自己紹介の際に宣言しています。

My English is not good.
私の英語はうまくありません。

So please speak slowly, or speak in Japanese.
なので、ゆっくり話すか、日本語でお願いします。

Thank you!
ありがとうございます。

これは、冗談を交えていますが、このように最初に宣言しておくことは、むしろ後で言われるよりはっきりするので、良いと思います。また、発言する際にも気を遣ってもらえるので、お互いにやりやすくなるでしょう。自信を持って発言するため

世界の共通語は「下手な英語」である

31

にも、相手のハードルを下げておく、このようなことも大事です。いくつか使えるフレーズも紹介しておきます。

最初に宣言する場合

I'm still learning English, so please speak slowly.
まだ英語を勉強中ですので、ゆっくり話してください

聞き取れなかった場合

Can you please repeat?
もう一度言って頂けますか？

聞き取れたがよくわからなかった場合

I don't understand. Can you please explain?
わかりません。説明してもらえますか？

会議で録音しておきたい場合

Do you mind if I record this?
録音してもよろしいですか？

大きな意味を伝えよう

これは英語を教える時によく言っていることなのですが、そもそも語学というのは、ツールです。何か物事や意図を伝えたい。そのために言葉があるわけですよね。したがって、あなたが一番伝えたいことが何か？ということが一番大事になります。その一番大事なことは意識して、大きな意図を伝えることを何よりも重視しましょう。

日本人が陥りがちなのが、小さなミスを気にしてしまうということです。ちょっとした文法とか、"s" を付けるべきかどうか、"a" と "the" どちらを使うべきか、など細かいところが気になって、先に進めないケースをたくさん見てきました。日本人は間違えたくない気持ちが強く、正しい英語かどうかが気になり過ぎて前に進めないケースが多いです。**正解・不正解を気にし過ぎるのではなくて、大きな伝えたいことが相手に伝わればいいというある程度の割り切り**がビジネスには必要です。

KEY Points

> 自信を持ったスピーカーになろう。
> ネイティブではないことを先に宣言しよう。
> 小さい間違いにとらわれず、大きな「意味を伝える」、ということを大事にする。

SECTION

3 | ビジネス英語8つのレベル

　社内で英語を教えるに当たって、社員の英語のレベルを把握するためにも、英語のレベルにはどのようなものがあるかということを議論したことがあります。一般的にはある程度英語ができるという人はたくさんいるのですが、厳密に見てみるとその人たちは違う英語のレベルに分けることができることが分かりました。社内の専属の通訳チームや欧米人のメンバーと議論しながら、ビジネス英語のレベルというものを以下のような8段階に分けてみることにしました。

基本的には、英語は、読む・書く・聞く・話すの４つのスキルに分けることができますが、日本人が弱いのは、聞く・話すの部分。特に話すというところになると思います。読む、というのは全般的には高いのですが、スピーキングには自信がないというのが多くの日本人の課題でしょう。

　以下のレベル分けは、主に話すということを重視したレベル分けですが、きっとこのレベルで上位にあるという人は、他の読む・書く・聞くというスキルも高いと思います。それは、英語はどのスキルも相互に関連しあっているからです。

　それでは、右図のレベルを見ながら、**ご自身が今どこにいるかを考えてみて下さい。**

　ご自身のビジネス英語のレベルはどのあたりになりそうですか？

　レベル１であれば、かなりの程度の自信を持ってビジネスのあらゆる場面においてもやっていけるのではないでしょうか。ネイティブスピーカーではないとはいえ、コンフィデントスピーカーとしての最高峰の目指すべきレベルがこちらになると思います。

　自分のレベルが今どこにあって、**何年後までにどのあたりを目指していくのか、**こういったご自身のビジネス英語のレベルの客観的な状況把握がとても大事だと思います。もちろん、TOEICなどの点数とも上記レベルは関係していると思います。点数を上げていくことも大事ですし、上記のようなレベル分けで自分が今どのあたりにあるのかというレベル把握も大切にして下さい。

KEY Points

ビジネス英語の8レベル

レベル 1 領域外の幅広い話題や抽象的な高度な話題であっても
自然体かつ正確に会議をリードし、議論できる

レベル 2 業務における話題であれば自然体かつ
正確に会議をリード、議論できる

レベル 3 英語の議論や会議（電話会議を含む）を
ある程度リードできる

レベル 4 通訳なしで自分の担当していることに関して
具体的な説明ができ、会議に参加できる

レベル 5 通訳なしでの会議はやや難しいが、
ある程度の会話はできる

レベル 6 自分の担当している業務についてスムーズではないが
文章で簡単な説明ができる

レベル 7 自分の担当している業務についてであれば
簡単な単語やYes, Noなどで答えられる

レベル 8 英語で簡単な挨拶や自己紹介が少しできるレベル

PART

1
2
3
4
5

世界の共通語は「下手な英語」である

外資系会社での調査結果

　外資系の会社と聞くと、普段から英語で仕事をしていて、みんながレベル1にあるような状況をイメージされるかもしれません。しかし、実際には外資系だからといって、全員がペラペラなわけではないのです。ヒアリングの結果から言うと、多くの人が、自分がレベル3からレベル5の間に属していると答えています。そして、3年以内に、レベル2〜3に上げていきたいという社員が多いです。

　私は外資系の広告会社で働く前は、もっと長い期間を日本の広告会社で働いていたのですが、その経験から見て、日系と外資系で一体何が違うかというと、**英語の実力以上に、英語を伴ったビジネスへの「慣れ」の部分が大きい**と感じています。取材をしていても、英語を使ったビジネスへの慣れは、外資系の方が高いです。英語が完璧にできなくても、社内にいる通訳を使えばいいし、英語のメールなどはある程度日常的にメールボックスに入ってくる。このあたりの対応への慣れが、外資系と日系で働く人の英語への自信の違いではないかなと日々感じています。将来的には英語の役割と存在意義が日本のビジネス社会でも一段と増してくると考えると、この英語への慣れ、そしてそれに伴う自信が問われてくると感じています。

KEY Points

> ビジネス英語の自分のレベルを把握し、どこを目指すのかを考えよう

> 外資系企業で働く人たちも、英語の学習を続けている

PART 1 KEY Points

❏ 本章のポイント

マインド

- 世界の共通語は、下手な英語である。
- ネイティブスピーカーにはなれないし、ならない。学習の妨げになる。
- 堂々としたコンフィデントスピーカーになろう。

スキル

- 大きな意味を伝えよう。
- ビジネス英語は、パターン化できる。
- 自分の物の見方（POV）をいつでも話せるようになろう。

INTERVIEW 1

英語学習者インタビュー①

　私はいま、国際事業部というところで1年前から働いています。最近、欧米の顧客向けに、展示会などで使うために自社ブランドの紹介ビデオを制作しました。翻訳会社などの力も借りながら、細かいニュアンスなどが正確に伝わるように編集を行いました。

　会社ではもともと自動販売機に商品を補充する業務に就いていて、英語と関係のある部署というわけではありませんでした。入社して4,5年経ったころ、大手の英会話教室に通い始めましたが、あまり上達は実感できないままでした。

　そのころ、会社で海外研修の公募がありました。一年目は落ちてしまったのですが、二年目に合格し、海外勤務が始まりました。　海外に行く前はTOEICで630点程度だったのですが、帰ってきたときは825点まで伸びていました。でも**自分にとっては、ペラペラ話せているとは思えないことに驚きました。**

　完璧な英語ではなくても、堂々と話せばいい、というのは頭ではわかっていても、実際に行動に移すのは難しいものです。私にとっては、EMC講座で、同じように仕事のために英語を勉強する受講生や、ネイティブではないけれど英語でビジネスを行っている講師の姿を見ることで、気負わずに英語を勉強することができるようになったかな、と思います。

　　　　　　　国内飲料品メーカー勤務　国際事業部　Hさん
※このコラムは、宣伝会議EMCビジネス英語講座受講生の、実際のインタビューをもとに構成しています。

PART

2 | ビジネス英語
暗黙のルール

この章では、ビジネス英語にまつわる基本原則をお話します。言語は一つの文化です。したがって、英語で話すときには、求められる一つの原則があります。その原則が分かることも、ビジネス英語で自信を持って話すことができる一つの要因になりますので、単語やフレーズを学ぶのと同様に、こちらの基本原則についても知って頂けると、ビジネス英語の上達も早いように感じます。

SECTION

1 | 英語は自分の考えを はっきりさせることが求められる言語

　まず何よりも、英語は自分の考えをはっきりさせることが求められる言語です。特に、ビジネス英語においては、そのことが顕著です。ある事象に対して自分はどう思うのか。あるビジネス上の決定に対して、自分は賛成なのか反対なのか。あるいは、ある事案を採用すべきかどうかなど、考えはどのようなものであってもいいのですが、その**考え自体をはっきりさせる**ということが求められます。まさに、前述の POV を持つということと関係していますが、そもそも英語という言語はそのような言語なのだと仕事をしていても常に思います。日本語だったら少し曖昧でも（判断をクリアにしなくても）それほど悪くは聞こえないかもしれませんが、英語では絶対に好意的に受け取られません。例えば、

Tanaka-san, what do you think?
田中さん、どう思いますか？

と聞かれたときに、

I don't know.
わかりません。

あるいは

I'm not sure.
ちょっとわかりません。

英語でこのように答えると、本人が意図せずとも責任回避をしているような、あるいは、物事を自分事化していない感じがとても強く出てしまいます。「どう思いますか?」と聞かれても、もう少し多角的に検討してみないと何とも言えない、ということも多いと思います。しかし、どう思うかを聞かれて、ちょっとわからないというのはどういうことなんだ!?というのが相手の受ける印象です。そもそもその印象の違いはどこから来るのでしょうか。

英語は価値観の違う人たちとのコミュニケーションが前提

このことは様々な英語の書籍にも書いてあることなので、あまり多くを書こうとは思いませんが、英語はロー・コンテクスト文化を背景にした言語です。日本はその逆で、ハイ・コンテクスト文化といわれています。ハイ・コンテクスト文化というのは、言葉であまり言わなくても伝えたいことが通じるという文化です。日本では、「阿吽の呼吸」や「以心伝心」という言葉があるように、少ない言葉でも、言葉と言葉の間にある文脈（コンテクスト）を読み取ることで相手の言いたいことを察して、意味が通じるという文化です。あなたの会社にも、きっと「言ってなくても察しろよ」とか「最後まで全部言わせんなよ」とか言う先輩や上司がいるかと思いますが、それもハイ・コンテクスト文化を背景にした発言といえます。「空気を読む」（そしてそこから派生した KY）という表現もまさにハイ・コンテクスト文化ならではの言葉です。

例えば、得意先に対して日本語で電話したとします。その場合は、「お世話になっております。〇〇会社の松浦と申しますが、田中様はいらっしゃいますか?」と電話でいえば、田中さ

んがいれば電話をつないでくれるでしょうし、いなければその旨を教えてくれるはずです。これは、日本語では、田中さんがいるかどうかを聞いているだけですが、その後に、「田中様がいらっしゃれば、お話しさせて頂きたい」ということを受け手が察して、電話を取り次いでくれるわけです。

　しかし、これが英語だったら、そもそも "Is Tanaka-san there?"（田中さんはいらっしゃいますか？）だけだと、「いますけど」ということで終わる危険性もあります。"May I speak to Tanaka-san?"（田中さんとお話しさせて頂けますか？）とちゃんと伝えないとならないのがロー・コンテクストの文化になります。

　欧米、特にアメリカでは、日本のように言葉を交わさなくても意思疎通ができるという考えはあまりありません。アメリカという国自体が多民族国家でもあり、様々な文化を背景にした人たちが集まっているので、意思を伝えるためには、相当かみ砕いて自分の思いを言葉にしてはっきりと伝えないと、何も伝わりません。

　このことは英語を学ぶに当たって、とても大切なことです。英語はロー・コンテクスト文化を背景にした言語のため、普段は空気を読んでいる我々日本人も英語においては、自分の伝えたいことをはっきりと説明しなくてはなりません。

KEY Points

> 英語
価値観の違う人たちとのコミュニケーションが前提
→違うことを説得するという文化（ロー・コンテクスト文化）
> 日本語
価値観の同じ人たちとのコミュニケーション前提
→同じことに対して同調するという文化（ハイ・コンテクスト
文化）

結論から言ってみよう

英語を使ってロー・コンテクストに合わせて物事を伝えるためには、どうすればいいのでしょうか？　まず、英語で一番大事なことは、一番言いたいこと、すなわち結論を最初に持ってくるということです。意見を聞かれたら、判断に至る説明などから始めるのではなくて、最初に結論を言います。何よりも、結論が先。結論の後にその理由になります。例えば、ある提案を受けたとして、それに対してどう思いますか？と聞かれたとします。

Tanaka-san, what did you think about his presentation?

田中さん、彼のプレゼンテーションについてどう思いますか？

これに対して、一番良くない返答は、

I don't know.
分かりません

　という言葉です。これは先ほども説明した通りです。日本人が日本語を話す時に、「ちょっとわからないのですが」と冒頭につけることがあるかもしれませんが、それを英語でもやると、すごく良くない感じに聞こえます。相手からすると、「わからないというのはどういうことなの？」と疑問に感じられるし、発言者の当事者意識が低いようにも受け取られます。安易な I don't know. だけは絶対に使ってはいけません。

　次のようにまず、好意的なのか、否定的なのかだけははっきりさせましょう。

I liked his presentation.
彼のプレゼンテーションは好きでした。

　あるいは、

I didn't like his presentation.
彼のプレゼンテーションは好きではありませんでした。

　上記のように好意的でも否定的でも、自分の立場やポジションをはっきりさせる。このことがまずビジネスにおいてはとても大事です。

　しかし、必ずしも、その場で瞬間的に立場を出せない場合もあります。それは、その提案自体がはっきりしなかったり、提案内容に関していくつか確認が必要だったりする場合です。その際には、判断がすぐにはできない旨とその理由を明確にする

べきです。

I need to clarify some points before I make a decision.

何点かはっきりさせないと意思決定ができません。

とか、

Before telling you what I think, I have two questions.

私がどう思うかをお伝えする前に、2つ質問があります。

まだはっきりしないのに、性急に何かを判断する必要はありません。しかし、下記のようにどちらかというとどう思っているのかなどは、伝えてもいいかもしれません。

I tend to like his presentation, but I don't agree on a few points.

彼のプレゼンテーションはどちらかというと好きですが、いくつかのポイントにおいて同意しません。

I tend to like his presentation, but there were several slides that didn't make sense.

彼のプレゼンテーションはどちらかというと好きですが、いくつかのスライドの意味が分かりませんでした。

上記は、総論では賛成だけれど、詳細ではいくつかまだ確認しないと最終決定できません、というようなスタンスです。このような形でもいいので、まずは大きくどのように感じているのかについて、何かしらの判断を明確にするということが大事です。

意見をはっきりさせること

　結論から答えるためには、その前に自分の意見をはっきりさせる必要があります。極端に言えば、すべての物事に対して、自分はどう思うのか。常にどちらかのスタンスを取るようにする訓練が必要でしょう。例えば、

What was your impression about his presentation?
彼のプレゼンテーションに対してあなたの印象はどうですか？

What do you think about his creative work?
彼のクリエイティブ作品についてどう思いますか？

　このようにいろいろと質問を受けた時には、必ず自分の意見を明示しましょう。

　欧米はディベート文化とも言いますが、どちらかのスタンスを取って、その意見を戦わせることで思考を深めるプロセスを前向きに捉えています。それは議論であって、個人的な感情のぶつけ合いではありません。したがって、どんなに議論してもその後には個人的な感情を害することなく通常通りの関係に戻れます。このあたりは、日本人にはなかなか難しいところでもあります。

　また、欧米人は、通常の会話であっても、「政治についてどう思う？」「高齢化社会についてどう思う？」と、いろいろと質問をしてきます。そういったときにも、「難しい問題ですね」のように曖昧に答えず、自分なりの意見を言えることが大事です。そのためには、普段から、様々なニュースに対しても、自分のスタンスはどうだろうかということを考えておくような思

考のトレーニングが必要です。

似たような問題で、日本人が欧米人からの質問にちゃんと答えていないという時があります。例えば、Are you coming to the party?（あなたはパーティーに来ますか？）と聞かれたときに、I want to go.（行きたいと思ってます）と答える人が多いようです。実はこれは、欧米人からすると答えになっていないのです。So are you coming or not?（で、来るのですか？来ないのですか？）ということになります。先述の通り、欧米には察する文化というものがないので、質問に対しては、なるべく直接的に回答しないとなりません。

KEY Points

› 英語では、自分の考えをはっきりさせるようにしよう
› 英語は、価値観の違う人たちとのコミュニケーションが前提
› 結論からいうようなクセをつけよう
› そのためには、意見をはっきりさせよう

SECTION

2 | ロジカルな説得力を高めよう

前のセクションでは、まず結論コメントから言うべきという話をしましたが、もちろんそれだけでは十分ではありません。物事に対する自分の意見をはっきりとさせたならば、続いて必要になるのは、その理由付けです。なぜそのように思うのか、しっかりとした理由を付けて、説明をしなくてはなりません。

I like his presentation.

彼のプレゼンは好きです。

↓ **because** なぜならば

-his point was clear

彼のポイントがクリアだった

-his plan seems effective

彼のプランは効果的に見える

-his strategy is easy to implement

彼の戦略は実行しやすい

↓ **therefore** したがって

I like his presentation

彼のプレゼンは好きです。

　上記のように、自分の意見をサポートする理由を述べましょう。理想的には、３つくらいの理由があると説得力が増しますが、３つない時に無理やり３つ言う必要もありません。ただし、「彼のプレゼンは好きです」だけ言って、その理由を言わないのは誰も納得できません。必ず自分の意見にはその理由を添えるようにしましょう。

　実は、この構造は、英語でのプレゼンテーションにも通じるところがあります。自分の主張したいことを先に述べ、その後に、３つほどの理由を説明する。最後にまた冒頭に述べた結論を改めて述べて締める。これは、プレゼンテーションの基本形でもあります。この基本形は普段のちょっとした意見を述べる時にも有効であることを覚えておきましょう。

　いいロジックは、主張（結論）→理由→結論という流れがス

ムーズにできています。ロジックが流れている、ロジックが通っているなどと表現しますが、英語で言えば、very logicalという状態です。いいロジックかどうかを検証するには、後の要素が前の要素を補足する良い矢印の流れができているかどうかを検証するとよいでしょう。

◢ POVをしっかりと持つ

第1章にも書いた、POVですが、どのようにしたら、POVを持てるようになるのでしょうか。POVを持った人について、英語では、She has a point of view.（彼女はPOVを持っている）といいます。場合によっては、She has a strong point of view.（彼女は強いPOVを持っている）と言ったりもします。これらはすべてほめ言葉です。どのようにしたらPOVを持った人として評価されるのでしょうか。単に意見を言うだけでは、必ずしもPOVを持った人としては評価されません。グローバルにPOVを持っていると評価されるには、以下の要素を押えている必要があります。

POVの持ち方① 自分ならではのユニークなものの見方

大勢の人が先にコメントをしている中で、少し違う自分なりの意見を言う人がいると思います。他の人の意見に流されない、自分ならではの物事の見方を持っている人、そのような人はまさにPOVを持った人になります。こういう人は、簡単にI feel the same.（私も同じように感じています）とは言いません。たとえ大きな方向性には同意していても、必ず自分なりの視点を加えたりします。日本人からすると、**自分がその会議に存在している価値を何とかして付け加えよう**としているよう

にも感じます。しかしまさにその姿勢こそが、POVを持った人であると言えます。

POVの持ち方② 説得力がある

　ただし、違う意見を言えばなんでもいいわけではありません。他人とは違う意見の裏にはそれをサポートする理由が必要です。そして、その理由には説得力がないといけません。そうでなければ、単にあまのじゃくな意見になるだけです。人と違う物事の見方に加えて、誰もが説得されるような説得力のある理由が必要になります。それはまさに前述したロジックが通っているという状態です。このセットがあってこそ初めて、この人はPOVを持っているとポジティブに評価されるわけです。

POVの持ち方③ 会議に貢献するという姿勢

　POVを持っている人としては、上記の2つの理由でカバーされているような気もしますが、そのベースとなるのは、出席している会議に自分が参加者の一員として何かしら貢献しようという姿勢だと思います。例えば、アメリカでは高校や大学の授業であっても、出席者である学生も授業を一緒に創り上げる一員という意識が強いです。出席者は消極的なオブザーバーではなくて、積極的な関与者という位置付けが評価され、その文化は働くようになっても同じです。自分が参加しているからこそ会議に足せる何かしらの意見はないだろうか、自分がいたからこそ貢献できることは何かないだろうか、常に貪欲に考えて、会議に参加する姿勢こそが、会議に貢献するユニークな視点を導出する原動力になります。

存在感を出す

よく社内の外国人は、「あいつは一言も会議で声を発さなかった」と会議で発言しなかった人のことを批判します。やはり、前述の通り、グローバルのビジネス現場では、会議でいかに発言するかで人は評価されます。**英語での会議では、沈黙は金ではなくて、沈黙は悪です。**日本語の会議だと変な発言をするくらいならば、何も発言しない方がいいときもありますが、英語だとそのようなことはありません。何も発言しないのは、参加している意味がない、やる気もないし、POV も全くないということになってしまいます。欧米では授業は先生と生徒がともに創り上げるもの。ビジネスの会議においても同様で、参加者全員の積極的な参加、発言があってこそ、いい会議とそこからの成果が生まれるという認識です。

もちろん、英語で発言することはなかなか難しいことかもしれませんが、新人の時のように、**「会議で必ず 1 回は発言することにする」などと自分なりのルールを決めて、少しでも発言することに慣れていくことが必要です。**またそのためには、努力も事前準備も必要になってくることは言うまでもありません。まずは、この「一つの発言だけはしよう」という思いで取り組むとよいと思います。

短くスムーズに、シンプルな英語を言う

英語を話す時はなるべく短い文章で話す方が良いです。言語は何でもそうですが、リズムがあります。リズムが途切れると、会話の相手方に本来議論すべき会話以外のストレスを与えてしまいます。特に、長い文章を難しい単語を使って話そうと

して、詰まってしまうケースをよく見かけます。なるべく簡単な単語を使い、少ない語数で会話をスムーズに進めることを重視する方がいいでしょう。難しい単語を使っているが話すテンポが悪いよりも、簡単な英語でテンポ良く会話できる方が重宝されます。それは、我々が日本語で話す外国人をイメージしても同じですよね。もちろん色々な言い回しを使いこなせるようになるのが理想的ではありますが、まずは一番シンプルなところから自由に使いまわせるようになることが自信をつけるためにも有効です。

　したがって、例えば「このプロジェクトについて助けて頂けますか」と伝える際には、

I would appreciate your help with this project.
このプロジェクトへのご協力頂けるとありがたいです。

のような文章はより簡単に、

Can you please help us with this project?
このプロジェクトに協力していただけますか。

などと表現したほうがスムーズに言えるでしょう。

KEY Points

› ロジカルに説明しよう。
› POV をしっかりもつには、独自のものの見方、説得力、貢献する姿勢が大事。

PART 2 KEY Points

◪ 本章のポイント

・英語は、自分の考えをはっきりさせることが求められる言語で
あることを理解しよう。

・曖昧な回答はなるべく避けて、結論から言ってみよう。

・自分なりの物の見方（POV）を持って、それをロジカルに説明し
よう。

・外国人とは価値観が違うことが前提だからこそ、自分の意見に
自信を持とう。

・存在感を出すことと、シンプルな英語を話すことは、両立でき
る。

INTERVIEW 2

英語学習者インタビュー②

　私は台湾人と日本人のハーフで、将来は海外を飛び回って仕事がしたいと漠然と考えていました。高校から大学にかけて、短期間ですが海外に出てみたりと、英語の勉強を続けていたのですが、それほどできるようにはなりませんでした。

　社会人になってからは、日々の仕事に忙殺されて、英語の時間を取れない時期が続きました。変わるきっかけになったのは、3年目に中国に駐在することになったときです。最初は中国語の勉強をしなければと思っていたのですが、現地の得意先の上層部は英語を使う方が多く、意外なことに中国に行って初めて仕事に関する英語を学ぶことになりました。

　当時は全くの独学で、提案資料を全部英語にして、英語で暗記していました。徐々に英語に対する意識も上がり、英語でマーケティングを行う楽しさもわかってきました。

　日本語で話しているような分析内容を英語でどう表現するかは、一般的なビジネス英語の本やスクールでは教えてくれません。EMC ビジネス英語講座は、私のような担当者が今まで独学で行っていたマーケティングに関する英語の学習を、体系的に学べるということが一番の魅力なのではないかと思います。

大手百貨店勤務　Tさん

※このコラムは、宣伝会議 EMC ビジネス英語講座受講生の、実際のインタビューをもとに構成しています。

PART

3 | フレームで押さえる マーケティング英語

この章では、マーケティング戦略を導く際によく使われるフレーム
ワークを使いながら、よく使われる英語の例文を効率よく覚えてい
きます。読者の方によっては、マーケティングモデル自体について
あまり聞いたことがないかもしれませんが、それは全く問題ありま
せん。これらのフレームはビジネスの戦略を立てる際に複数の角
度から効率的に物事を考えるためのもので、英語の学習におい
てもこういったフレームを活用してみることが様々なことを効率的・
効果的に説明できるようになるために有用だと思っています。メー
カーであろうと、商社であろうと、地方公共団体であろうと、観光
関係のお仕事であろうと、お仕事されている方であれば、どなた
でも簡単に使えるツールですし、ビジネス英語における自信を付け
るためにも有効です。

「マーケティング」というと、よく聞く言葉だけれど、なんだかピンと来ないなと思う方も多いかもしれません。しかし、実際には、あなたも日常生活の中で様々な企業のマーケティングに触れています。例えば、朝の新聞に挟み込まれているチラシ広告。あるいはテレビで見るCM。さらには、普段よく使っているスーパーやお店のポイントカードもそうでしょう。私たちの生活とマーケティングは、気が付かれない場合も多いですが、意外と密接しているものです。有名なところでは、土用の丑の日にうなぎを食べることも、バレンタインデーにチョコレートを贈ることも、マーケティングの事例といわれています。マーケティングの定義はたくさんありますが、ここでは、ビジネスなどでよい結果をもたらすためのツールというくらいに考えておけばよいと思います。**英語が物事を伝えるためのツールであるのと同じく、マーケティングもビジネスを成功に導くツールです。**このツールを使って英語を覚えるというのは、ビジネス英語においては最も効率的であると私は考えています。

　具体的には、「3C分析」と「4P」の2つのフレームワークを使います。この後、詳しく紹介しますが、「3C分析」というのは、まず「市場全体」、「自社」、そして「競合相手」のことを総合的に、かつ深く理解するためのフレームワークです。その上で、実行プランを考えるためのツールである「4P」が続きます。状況をとらえ、戦略を立てて、実行する、という当たり前のことがマーケティングの要諦ですが、上記はこれを総合的にかつ効果的に実施するためのツールなのです。

　孫子の言葉に、「彼を知り己を知らば百戦して殆うからず」というものがあります。敵についても味方についても情勢を

しっかり把握していれば、幾度戦っても敗れることはないということを意味しています。まさに、上述のマーケティングの考え方と共通していると言えます。より良いビジネス成果をもたらすためのツールを活用して、ビジネスに負けない英語を学んでいきましょう。

SECTION

1 | 3Cで現状を分析する

　3C分析とは、企業や組織が経営戦略やマーケティング戦略を構築する際に用いられるフレームワークです。特に戦略構築の前提として自分たちを取り巻く環境分析をするために使われることが多いです。

　3Cと呼ばれる理由は、
「顧客：Customer」
「競合：Competitor」
「自社：Company」
の言葉の頭文字のCを取っているからです。

　3C分析は、基本的には3つの枠組みで現状分析を整理するためのフレームワークです。戦略構築の現場でも今でも頻繁に活用されていますが、自社の課題や取るべき戦略を考える前の整理としてとても有効です。顧客（市場）のニーズをつかみ、競合の状況を知ることで、自社にとっての機会が見えてきます。自社の強みや弱みも勘案した上で、最終的には一つの戦略（および何かしらのアクション）に導いていくことができます。

3C分析

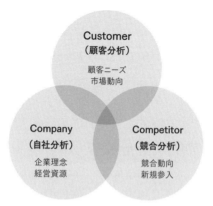

　ビジネス英語においてもまずはこの3Cに関連する英語をしっかりと把握し、自分の担当している仕事に関する3Cを英語で自信を持って説明できることが大事になります。

3C：Customer　顧客ニーズ・市場動向

　最初のCは、Customer（顧客）のCです。どんなビジネスでも最初は、顧客は誰なのかを考えることから始まります。ある商品に対する顧客は誰で、いったい何を求めているのか？ データに基づいて、消費をしてくれる大きな塊を見つけることも大事ですし、データや調査には表れにくい消費者の深層洞察（俗にいう消費者インサイト consumer insight）を深掘りすることも大事になります。

　また、顧客と共に、その市場カテゴリーについても分析することが多いですので、＜顧客＞と＜市場＞の両方に関連する英語についてそれぞれ紹介しておきたいと思います。

顧客 Customer

あなたのお客さんはどのような人たちで、
何を求めているのでしょうか？

　まずは顧客ニーズに関連するような英語の例文です。
「主な顧客はどのような人たちなのか」「年代や性別などのデモグラフィック（統計）情報はどうなのか」「消費意識や生活意識などの価値観に関する情報はどうなのか」「いつ、どこで購入していて、どのくらいの頻度で購入してくれているのか」「顧客はあなたの商品カテゴリーをどのように消費しているのか」など、**様々な角度から、あなたの商品カテゴリーと顧客についての関係を考える必要があります。**多くは列挙しません。使い回せると実際のビジネスの場で役に立つ最低限のものを紹介しますので、この構文は使い回せるように身に付けておきましょう。

　なお例文中、イタリックになっている箇所は、読者のみなさまの実際の業務に合わせて適宜入れ替えが可能です。まずは基本的な型を押さえた上で、余裕があればぜひ自分の業務に関連した例文を作成してみて下さい。

1 ｜ まずは、主な顧客について説明させてください。

First, let me explain about *our main customers*.

2 ｜ 現在の主な顧客は 25 歳から 49 歳の男性になり、女性顧客を
　　 さらに増やせるポテンシャルが高い。

Currently, our main customers are *men from age 25 to 49, and we have a huge potential to grow our female customers*.

3 | 彼女たちは、健康意識が高く、活動的なライフスタイルを送る傾向があります。

They tend to be *health conscious and enjoy an active lifestyle*.

4 | ターゲットは、平均して週に2～3本のお茶を買います

The target buys on average *2 to 3 bottles of tea* per week.

5 | 消費者は、職場で緑茶飲料を飲むときに一瞬のリラックスを感じている。

Consumers feel *a moment of relaxation* when they are *drinking green tea beverages at the office*.

6 | 調査によると、我々のターゲットの4割以上がテレビを視聴しながらスマホを操作している。

According to a research, *more than 40%* of our target consumers are *watching TV while using their smartphones*.

7 | 有職者は、夕方のおやつの時間に緑茶飲料を飲用する傾向がある。

People who are *working* tend to *drink green tea beverages* when *they take a short break in the afternoon*.

8 | 緑茶飲料の飲用オケージョンとしては、「食事と一緒に飲む」(の割合) が圧倒的に高い。

"*Drink when I have food*" is by far the most popular *drinking occasions for green tea beverages*.

9 | 「お茶 A」を飲む理由としては、「おいしい」が最も高く挙がり、「評判」が続く。

According to consumers, the strongest reason they *drink Ocha-A* is because of the *"good taste"*, followed by the *"reputation"*.

10 | 緑茶飲料は、約 8 割がコンビニで購入している。また、自動販売機で購入する人も 5 割とかなり多い。

For *green tea beverages*, approximately *80%* of the customers purchase from *convenience stores*. Also, *50%* say they purchase from *vending machines*, which is quite high.

市場動向 Market Situation

あなたがビジネスしている市場はどのように動いていますか？

　顧客と関連して市場動向についての例文も考えてみましょう。欧米人の同僚や、お客様に、日本市場の状況について説明する必要性というのは必ず出てきます。あなたの携わっているビジネスの業界で、日本市場がどのくらいのサイズで、どのように変化しているのか、どのような特徴があるのかなど、**大きな状況をしっかり伝えられるようにしなければなりません**。下記のような例文を参考に、自分の業界を説明できるようになっておくことをお勧めします。また、このあたりの頻出英語というのも決まっていますので、重要な単語と例文についてはしっかり覚えましょう。

1 | 続いて、市場概況についてお話しします。

Next, I'd like to talk about *the market overview*.

2 | 日本国内の緑茶飲料市場の売り上げは現在 約 4150 億円です。

The Japanese *domestic green tea beverage* market currently generates (annual) sales of approximately *415 billion yen*.

3 | 緑茶飲料市場は 1992 年の 400 億円から 2004 年には 4000 億円に伸びました。しかしその後、市場は伸び悩んでいます。

The green tea beverage market grew from *40 billion yen* in *1992* to *400 billion yen* in 2004. However, since *2004*, the market has been stagnant (flat).

4 | 1 世帯当たりのお茶への年間支出額は 1 万 2000 円以上といわれています。

It is said that annual spending on *green tea* is more than *12 thousand* yen per household.

5 | 2014 年 3 月時点で日本茶の総輸出額は 78 億円です。

As of *March 2014*, the total value of *green tea* exports is *7.8 billion yen* (annually).

6 | 2020 年には現在のほぼ倍の 150 億円にまで市場が拡大すると見込んでいます。

The market is projected to nearly double its (current) sales to *15 billion* yen in *2020*.

7 | 日本茶の輸出が増えている背景には、世界的な健康志向の高まりがあります。

The rise in Japanese *green tea* exports is due to the *global increase in health consciousness*.

8 | 中国ブランドの継続的な成長により、ブランドAとブランドS はスマートフォン市場でのシェアを落とした。

Brand-A and Brand-S lost *smartphone* market share as *Chinese brands* continue to grow.

9 | 日本で最も飲まれている輸入ワインは、本数ベースではチリワ インだが、金額ベースではフランスワインである。

The most consumed *imported wine* in Japan is from *Chile* by volume, but *from France* by value.

10 | 高級化粧品カテゴリーは、2009年と2013年以外は安定的に 拡大している。

The high-end *cosmetics* category is growing steadily except for *2009 and 2013*.

PART

1

2

3

4

5

フレームで押さえるマーケティング英語

COLUMN

英語での数字表現

数字の言い方は、日本語と英語で異なりますので注意が必要 です。頭の中で、下記の変換が素早くできるようになりま しょう。簡単な覚え方として、**英語はカンマが入るところで 単位が変わります**。最初のカンマが入るところで、thousand （1千）、その次のカンマが milllion（100万）、さらにその次 が billion（10億）といった具体です。この辺りの数字を素早 く日本語と英語で行き来できるようになることは、ビジネス 上でも大事なことです。英語を日本語に変換することも大事 ですが、日本語を英語に変換することも同様に大事です。例 えば、1億円とか、1.2億人とかは、よく出てきますので、そ れを即座に英語で言えるか、日頃のトレーニングが必要にな ります。まずは下記の対応を覚えることと、日頃、新聞を読

63

んでいるときに、様々な数字をすぐに英語で言えるかどうか、その練習をしておくことをお勧めします。

1,000	thousand	1千
1,000,000	million	100万
1,000,000,000	billion	10億
1,000,000,000,000	trillion	1兆

◢ 3C：Company　自社

**あなたの会社や商品・サービスはどのような特徴がありますか？
強みや弱みは何でしょうか？**

　続いては、3Cのうちの、2つ目のCであるCompany（自社）に関係する英語について学びましょう。前記のCustomerのところで市場の動向や顧客のニーズについては分析していますが、その中で自社はいったいどのように活動しているのか、ということを外国の人に説明する必要があります。「自分たちの商品やサービスが市場でどのような位置に存在しているのか」「ビジネスはうまくいっているのか」「強みは何で、弱みや課題は何か」このあたりについて、英語で説明できるようになる必要があります。

　早速例文を見ていきましょう。

1 ｜ 日本での緑茶市場のシェアトップはABC社です。

ABC has the top market share for *green tea* in Japan.

2 | ABC 社の主力商品「Tea-A」は約 35％のシェアを占めています。

ABC's flagship brand *'Tea-A'* holds approximately *35%* share of the market.

3 | 今年の我々の売り上げ規模は、約 4800 億円に上りました。

This year, our annual sales reached approximately *480 billion yen*.

4 | 我々は近年では海外への日本茶の輸出に力を注いでおり、特に欧州を注力市場としています。

In recent years, we are focusing our energies on exporting *green tea* to overseas markets, particularly to *Europe*.

5 | ブランド A はシーズンごとに話題のフレーバーを投入し、ブランドの勢いを保とうとしている。

Brand-A quarterly launches *seasonal popular flavored tea* to maintain the brand momentum.

6 | ブランド A の強みは、ブランドに対してとっても忠誠度の高いファンが多いことだ。

One of the strengths of *Brand-A* is that the brand has numbers of very loyal fans.

7 | 自社の課題はエモーショナルなブランド価値が伝わっていないことです。

One of our challenges is that our *emotional brand value* is not well communicated.

8 | ブランド A は、1898 年創業の 120 年の歴史のあるブランドです。

Brand-A is a brand with *120* years of history, established in *1898*.

9 | 調査によると、ブランド A のブランドイメージとして、伝統、一流、が高く挙げられています。

According to the research, *Brand-A* has a strong brand image as, *tradition* and *first class*.

10 | 我々の商品には、競合にはない効果効能があり、政府機関からも認められている。

Our product is certified from the government agency for *its efficacy* that other competitors doesn't have.

◢ 3C：Competitor　競合

我々の競合会社の商品・サービスはどのブランドでしょうか？
競合は、何をやっているのでしょうか？

　3C 分析フレームの最後の項目は、Competitor（競合）についてです。

　ここで使う英語は、基本的には前述の自社分析で使うものとそれほど変わりません。なぜなら、その分析の対象（主語）が自社ではなくて他社ブランドになるからです。しかし、同じような構文であっても様々な表現を学ぶことは、自分の表現の幅を広げます。是非、競合ブランドを分析する様々な切り口と英語の表現を覚えて下さい。

1 | 我々の主要競合であるブランドBについて説明させてください。

Let me explain about our main competitor, *Brand B.*

2 | ブランドBは、カテゴリーを圧倒的にリードしているブランドです。

***Brand B* is the dominant leader in the category.**

2 | ブランドBの強みは、歴史的に流通支配力が強いことです。

***Brand B* has historically been strong in *distribution coverage*.**

4 | ブランドBは、期間限定の体験型ストアを展開することでブランド体験を促進している。

***Brand B* is promoting brand experience through *limited time experiential stores*.**

5 | ブランドBは、80年以上の歴史があり、創業者の社是が従業員によく理解されている。

***Brand B* has over *80* years of history, and the founder's credo is well understood by the employees.**

6 | ブランドBの弱みは、買収した会社との連携が希薄なことだ。

The weakness of *Brand B* is that they don't have *enough cooperation with the company they acquired*.

7 | ブランド B は、女性の社会進出など社会問題への取り組みを強めている。

Brand B **is strengthening their action regarding social issues, such as** *women's empowerment.*

8 | ブランド B は、2018 年に 40 周年を迎えるので、積極的に新商品の投入をしている。

Brand B **is celebrating its** *40th* **anniversary in** *2018,* **so they are** *actively launching new products.*

9 | ブランド B は、経営資源を選択と集中をして復活している。

Brand B **is revitalizing their business by selecting and focusing on their management resources.**

10 | ブランド B はお客さんのニーズをいち早くつかんで人気を博している。

Brand B **is popular because they are** *fast to understand customer needs.*

KEY Points

> 自分のビジネスを取り巻く、顧客ニーズ・市場動向、自社分析、競合分析を英語でやってみよう。
> 3C それぞれの C（Customer, Company, Competitor）について、簡潔な英語で説明できるようになれば、大きな一歩になる。
> まずは例文を参照しながら、自社の3C を英語でまとめてみよう。

SECTION

2 | 4Pフレームワークで戦略を立てる

PART 1 2 3 4 5

フレームで押さえるマーケティング英語

どのようにして売り込むべきなのか、戦略を立案しましょう

　3C分析を通じて、市場におけるチャンスを発見し、ターゲット顧客を把握して、競合の商品やサービスと自社の差別化ポイントなども明らかにした後には、それを基に、実際にマーケティングの戦略を立てていく必要があります。具体的には「何を」「いくらで」「どこで」「どのようにして」売るのかを決めていかなくてはなりません。その時によく活用されるのが、4Pです。4Pとは別名マーケティング・ミックスとも呼ばれ、4つのPは、Product（製品）、Price（価格）、Place（流通）、Promotion（プロモーション）のそれぞれの頭文字をとったものです。この4つ領域での戦略を統合して実施することで、最大の効果を目指していくものです。

4Pのフレームワーク

69

一般的に、4P については、大きな戦略が決まった後に、それを実行するために具体的にどのようなことをすべきなのかを考える際に使われるフレームワークです。したがって、大きな目的を達成するために、4P は個別に考えるのではなく、それぞれの P が一貫して整合性が取れていることが重要になります。例えば、高品質の高級緑茶飲料を発売するということであれば、流通が激安ディスカウントストア中心では全体の整合性が取れておらず、戦略はうまくいかないでしょう。一つ一つの P がすべて一貫して統合されているかどうかも考える必要があります。

4P：Product　商品

　まずは、商品・サービス（サービス業の方にとってはどのようなサービスか）に関するマーケティング英語です。「あなたはどのような商品・サービスを売っていますか」「また、今後どのような商品やサービスを市場に導入しようと計画していますか」「その商品の特徴は何でしょうか」あなたが担当している商品あるいはサービスについて、相手にしっかりと英語で説明できるようになりましょう。

1 │ 高級な商品ラインを発売しようと計画しています。

We are planning to launch a *high-end product line*.

2 │ 今流行している果物を使った期間限定商品を開発しています。

We are developing a *seasonal product*, using *currently popular fruit*.

3 | 10年ぶりに商品のパッケージやロゴを刷新します。

We will renew our product *package and logo* for the first time in *10* years.

4 | この商品は、世界戦略商品として位置付けます。

We will position this product as our *worldwide key product*.

5 | 商品ラインを整理して、経営資源を集中させる予定です。

We are planning to *simplify* our product line and *focus our management resource*.

6 | 商品の利用テストをして、受容性の高い商品を発売します。

We will conduct a product usage test, and *launch the product with the highest acceptance*.

7 | ターゲットのダイエット意識の高まりより、低糖質のコラボ商品を展開します。

We will launch a new *low carb* product, due to rise of *diet consciousness* among the target.

8 | 商品を所有する価値よりも、経験をする価値が高まっています。

The value of *experience* is becoming higher than the value of *owning products*.

9 | ソーシャルメディアでシェアされるような、写真映えする商品を発売します。

We will launch a *photogenic* product that will *most likely be shared in social media*.

10 | 外国人向けに Wi-Fi のサービスを導入します。

We will start providing *Wi-Fi service* for *foreigners*.

PART

1

2

3

4

5

フレームで押さえるマーケティング英語

Product 関連の単語

☑	**Product concept**	商品コンセプト
☑	**Product design**	商品デザイン
☑	**Product development**	商品開発
☑	**Product feature**	商品特徴
☑	**Product launch**	商品発売
☑	**Product life cycle**	商品ライフサイクル
☑	**Product portfolio**	商品ポートフォリオ
☑	**Product range/line**	商品範囲、商品ライン
☑	**Product positioning**	商品ポジショニング
☑	**Product research**	商品リサーチ
☑	**Flagship product**	最重点商品
☑	**Major product**	主力商品
☑	**USP** (Unique Selling Proposition/ Unique Selling Point)	競合にはない 独自の価値

⌐ 4P：Place　チャネル

　続いては、チャネルに関するマーケティング英語です。チャネルとは、あなたの商品やサービスが消費者の人とつながるそのルートのことを指しています。したがって、それは、売り場のことであったり、今だと EC サイトであったりもします。「あなたの担当している商品のチャネル戦略はどうなっていますか」多様化するチャネルに関する英語もしっかりと押さえておきましょう。

1 | スマホアプリの導入は購入を大変容易にします。

Launching a smartphone app would make user's purchase much easier.

2 | 非利用者の利用促進のために、表参道で期間限定のポップアップストアを実施します。

We will launch *a limited time pop-up store* in *Omotesando* to increase usage among non-users.

3 | オンラインの定期購入を促進することで利益率を高めます。

We aim to enhance our profit margin by *promoting online subscriptions*.

4 | モバイル決済が進むことで、新しい購入のチャンスが生まれています。

Mobile payment is creating new business opportunities.

5 | GPSとドローンを使って、お客様へ配送します。

We will use *GPS technology and drones* to send products to customers.

6 | 私たちの商品のブランドイメージに合う、ショップでのテスト販売を行います。

We will market test our products at stores *that match our brand image*.

7 | 私たちはお客様に24時間アクセスを毎日提供できるネット販売に集中します。

We will focus our business on e-commerce because *it allows 24-hour access, seven days a week for our customers*.

8 | 主要都市にはテストマーケティング店舗を導入し、他の都市は
ネット販売でカバーすることを計画しています。

We are planning to launch *test stores* in major cities, and cover other cities through *e-commerce*.

9 | 外国人旅行者向けの決済アプリの開発により、彼らの日本での
消費が増加します。

Developing a payment app for *non-Japanese tourists* would increase *their spending* in Japan.

10 | シェア自転車のアプリで自転車の QR コードを読み込むことで
自転車を解錠できます。

You can use the *shared bicycle* App to scan *the bike's* QR code *and unlock the bike*.

Place 関連の単語

☑ **Distribution channel**	流通チャネル
☑ **E-commerce**	電子商取引、E コマース、EC ともいう
☑ **Location-based service**	位置情報サービス（モバイル端末などにより位置情報を取得し、それに応じて提供されるサービスのこと）
☑ **First moment of truth**	消費者が店頭において商品選択を決定する瞬間、FMOT ともいう
☑ **Zero moment of truth**	店に行く前のネットなどでの下調べにおける意思決定の瞬間、ZMOT ともいう
☑ **O2O**	Online to Offline の略。ネット上からの情報接触により、リアル店舗などのネット外の場へ行動を促す施策などのこと。

☑ **Last one mile**	ラストワンマイル。物流において最終拠点からエンドユーザーへの最後の区間およびそこにおける物流サービスのこと。
☑ **In-store**	店舗内
☑ **Storefront**	店の正面、店頭
☑ **Pop up store**	ポップアップストア、空きスペースなどを利用して期間限定で出店するお店。
☑ **Brand experience center**	ブランド体験センター
☑ **Flagship store**	旗艦店

↵ 4P：Price　価格

　3つ目は、価格についてです。ビジネスにおいて、価格は非常に重要な戦略になります。高過ぎたら誰も買いませんが、安過ぎてもいいことはありません。「あなたのビジネスは、どのような価格戦略を取っていますか」自信を持って価格に関する英語を話せるようになりましょう。

1 ｜ 調査を実施し、価格を決定します。

We would conduct a research to *decide our price*.

2 ｜ 市場で成功するためには、必ずこの価格以下で発売しないとなりません。

To be successful in the market, we need to *launch at lower than this price*.

3 │ ブランド力が高まったことで、販売促進費は業界平均を大きく下回る。

Because of our high brand value, our *sales promotion cost* is much lower than industry average.

4 │ タイムセールを実施することで、希少性を感じさせます。

We will offer a limited-time sale to *create rarity*.

5 │ 安いサービスは、実際のサービス品質レベルにかかわらず、低品質だと思われがちである。

***Inexpensive services* are often associated with *low quality*, regardless of *the actual quality of the services*.**

6 │ 市場のリーダーたちよりも低価格で提供することでシェアを奪い、早く成長します。

We offer lower prices than the market leaders to *take share and grow quickly*.

7 │ 同じ商品を異なる消費者に対して異なる値段で提供しています。

We offer *the same product at different prices* to *different types of customers*.

8 │ 高い価格で高級ブランドイメージを創り出します。

We are setting a high price to create a *luxury* brand image.

9 │ 我々の商品は幅広い価格帯で提供しています。

Our products are available in *a wide range of prices*.

10 │ 既存の低価格商品で集客しつつ、高価格商品で利益を上げる。

We will attract customers to the store through *low price products*, **but generate revenue through selling** *high price products*.

Price 関連の単語

☑	**Price cut**	値引き
☑	**Price hike**	値上げ、価格上昇
☑	**Price war**	値引き競争
☑	**Price leader**	価格リーダー
☑	**Price tag**	値札
☑	**Limited-time sale**	期間限定セール、タイムセール
☑	**Premium pricing**	高価格設定
☑	**Penetration pricing**	浸透価格設定（市場シェア獲得のために当面の利益を犠牲に設定された低価格をいう。）
☑	**Skimming pricing**	スキミング価格設定（製品の市場導入期に高価格を設定し、高収益力を確保するための価格設定。上層吸収価格ともいう。）

PART

1
2
3
4
5

フレームで押さえるマーケティング英語

4P：Promotion　広告・プロモーション

　最後は、広告・プロモーションに関する英語です。「あなたの商品をどのようにして消費者に知ってもらいますか」マーケティングで一番大事なことは、まずは、商品やサービスの存在を顧客に知ってもらうということです。そのために、どのような手法を取るのか、その広告・プロモーションに関する英語を押えておきましょう。

---

1 │ ブランドメッセージを若者に訴求するため広告戦略を刷新します。

We're going to renew our advertising strategy in order to *make our brand message appeal more to young people*.

---

2 │ 富裕層に向けた広告活動で市場に新たな需要を掘り起こします。

We will generate new demand in the market by targeting our ads toward *affluent consumers*.

---

3 │ メディアについて話しますと、私たちは交通広告を３月から展開する予定です。

With regards to media, we are planning to launch our *transit ad* campaign starting starting from *March*.

---

4 │ 女性誌に記事体広告を見開きで出稿します。

We will advertise in *women's magazines* via double-page advertorials.

5 | その雑誌購読者のうち、約3割は子どものいる主婦です。

Around 30% **of that magazine's readers are** *housewives with children.*

6 | 新聞Aのシニア層への広告到達率は70%を超えています。

Newspaper A's **advertising has over** *70%* **reach in targeting** *seniors.*

7 | トレインチャンネルの視認率は中づり広告に比べて約20%高いといわれます。

Digital train advertisements are believed to have *20% higher viewership* **than** *in-train hanging posters.*

8 | 口コミによる購入意向の高まりが注目されています。

Growth in purchase intention due to *word-of-mouth* **has been gaining attention.**

9 | キャンペーンサイトで魅力的な動画コンテンツを配信し話題の拡散を狙います。

We aim to be a brand that is talked about by posting interesting videos on our campaign website.

10 | ネットメディア向けに記者懇親会を開き、パブリシティを仕込みます。

We wish to gain publicity through *online media focused press conference.*

Promotion 関連の単語

☑	**Advertising**	広告
☑	**Traditional Advertising**	伝統的な広告（デジタル以前のマス広告のことを主に指す）
☑	**Non-traditional advertising**	非伝統的な広告（主にデジタル広告手法のことを指す）
☑	**Public relations**	広報、宣伝活動
☑	**Sales promotion**	セールスプロモーション、販売促進活動
☑	**Effectiveness**	有効性、効力
☑	**Strategic**	戦略的な、戦略上の
☑	**Tactical**	戦術的な、戦術上の
☑	**Integrated marketing communication**	IMC、統合型マーケティングコミュニケーション
☑	**Marketing budget**	マーケティング予算

KEY Points

> 3C 分析で明らかになった課題を解決するために、どのようなことをしたらよいのかを、4P フレームワークで考えてみよう。

> 4P それぞれの P（Product, Place, Price, Promotion）に関連する基本的な英語の単語やフレーズを覚えておこう。

> 例文を参照しながら、自分のビジネスに関する4P の戦略を考えてみよう。

SECTION

3 その他のフレーム

PART

1

2

3

4

5

フレームで押さえるマーケティング英語

◢ マーケティング調査分析関係

　3Cや4Pの分析や戦略策定をする際には、その前提として市場調査をすることが多いと思います。その調査に関係する単語とフレーズ、あるいは、調査結果をどのように英語で説明するべきかというお問い合わせをよく受けますので、いくつかの表現をご紹介します。基本的には、どのようなシチュエーションでも言えることですが、英文の一つ一つの文を短めに切ることをお勧めします。そうすることで、言いたいことがシンプルになり、相手にもわかりやすいですし、自信も持って話すことができます。

1 ｜ 次の火曜日までに市場リサーチのプランを作成できますか？

Can you develop a *market research plan* by next *Tuesday*?

2 ｜ 私たちの定性調査には、経験のあるモデレーター（司会者）が必要です。

We need an experienced *moderator* for our *qualitative research*.

3 ｜ X ユーザーは、60 代の割合が高く、40 代が低い。

Among *X* users, *60s* accounts for a higher percentage, and *40s* accounts for a lower percentage.

81

4 │ X ユーザーは飲酒率が高め。

X **users have a higher tendency to** *drink alcohol*.

5 │ X ユーザーがよく購読する新聞は上から、A、B、少し空けて、C。

X **users tend to subscribe to** *A* **and** *B*, **followed by** *C*
with some gap in between.

調査関連の単語

☑	**Ad Hoc research**	アドホック調査（その場限りの特別の調査）
☑	**Aided/Unaided awareness**	助成認知・非助成認知
☑	**Closed-ended question**	選択回答形式の問題
☑	**Pre-coded question**	事前符号化形式・選択回答形式の問題
☑	**Open-ended question**	自由回答形式の問題
☑	**Concept test**	コンセプト調査
☑	**Depth interview**	デプスインタビュー
☑	**Discussion Guide**	ディスカッションガイド（定性調査の質問の流れ）
☑	**Door-to-Door survey**	戸別訪問調査
☑	**Focus group interview** (group discussion)	フォーカスグループインタビュー（座談会形式の調査）
☑	**Moderator**	モデレーター、司会者
☑	**Qualitative research**	定性調査、略して Qual ともいう
☑	**Quantitative research**	定量調査、略して Quant ともいう

☑ **Questionnaire**	質問票
☑ **Respondent**	調査対象者
☑ **Sample size**	サンプルサイズ、調査対象者数
☑ **Tracking research**	トラッキング調査、追跡型調査

◪ デジタル戦略

最近のマーケティングではデジタル戦略は欠かすことができません。消費者との新たな接点が生まれたり、スマホアプリを活用した施策が増えたり、新たなマーケティング手法なども生まれています。

1 | プログラマティック広告※は、多種多様なデータを活用して、的確な視聴者を狙うことができます。
（※視聴者データに基づいて自動的に広告枠の買い付けをする取引形態）

Programmatic advertising makes use of many different data points to target the right audience.

2 | ブランド A のスマホアプリの活用は、とても CRM のためになりました。スマホアプリ開発して CRM に役立てます

Brand A's **use of a smartphone app, was of great help in terms of** *CRM*.

3 | 我々はより長いクリエイティブと関連した 6 秒の短い動画広告を制作し、広告認知を強化します。

We will produce a short-form six-second video related to *the longer-form creative* **to** *strengthen ad recall*.

4 | インスタグラム上にブランドの公式アカウントを開設します。

We will launch an official *Instagram* account for our brand.

5 | 炎上に備えつつ、ソーシャルメディアを積極的に活用すべきです。

While preparing ourselves for any backlash, we should be proactive *on social media*.

■ マーケティング戦略に関連して日本について説明する

　仕事で英語を使う際には、外国の人に日本のことを説明することも多くあると思います。基本的に聞かれることは、共通しています。「日本の経済はどうなのか」「社会はどうなのか」「オリンピックについてどう思っているのか」など、想定される質問に対しての回答は用意しておくと便利です。以下の例文を参考にして、自分なりに説明できるようになるといいでしょう。

1 | 2017年現在、日本経済は1994年以来の最も長い連続成長期に入っている。

In 2017, Japan's economy is in its longest growth streak since 1994.

2 | 日本は、1990年代初めの株式、不動産バブル後、長年にわたりデフレと低成長と闘った。

Japan has battled years of deflation and slow growth following an equity and property market bubble in the early 1990s.

3 | 2011 年の東日本大震災※と津波による被害は甚大だった。その影響は人道的危機と膨大な経済的被害に及んだ。

The devastation caused by the 2011 Great East Japan Earthquake was immense. Its impact included both a humanitarian crisis and massive economic implications.

(※英語では 2011 Tohoku earthquake and tsunami ともいう)

4 | 日本の人口は、2008 年に 1 億 2800 万人のピークを迎え、2065 年には 8800 万人に減少すると予想されている。

Population of Japan peaked at 128 million in 2008, but is expected to drop to 88 million in 2065.

5 | 東京の平均的な通勤時間は片道 58 分である。電車は通常ひどく混雑していて、平均 166％の乗車率である。

The average commute in Tokyo is 58 minutes each way. Trains are usually overcrowded, having an average occupancy rate of 166%.

6 | 日本の人は、世界中のどんなものでも取り込んでより良くしてしまうことに誇りを持っている。

Japanese are proud that they can take anything from the world and improve it.

7 | オリンピック熱により日本に対する誇りが高まり、自国の要素を再発見する勢いが生まれている。

Olympic fever is starting to drive growth of Japanese pride and re-discovery of national elements.

8 | 日本は高齢化国家である。平均寿命は高く（女性 86.6 歳、男性 80.5 歳）、65 歳以上が占める割合は世界で最も高い。

Japan is an aging country. High average life expectancy (86.6 Women/80.5 Men), and highest percentage of people over 65 in the world.

9 | 世界経済フォーラムによると、男女平等において日本は 144 か国中 114 位とされた。

According to the World Economic Forum, Japan ranked #114 out of 144 countries in gender equality.

10 | 経済危機以降、日本人は「所有」から「経験」にシフトしています。

After the economic crisis, Japanese are moving from 'possessions' to 'experiences'.

COLUMN

「あなたを夜寝かせないもの」は何か？

英語でセミナーや、パネルディスカッションなどを聞いたことがある人は、耳にしたことがあるかもしれません。What keeps you up at night? この質問、ビジネスに関するインタビューなどで、非常によく出てきます。文面上は、「あなたを夜寝かせないものは何ですか？」という意味ですが、ここでは、「仕事上あなたを寝かせないほど気にさせる（心配させる）ことは何ですか？」ということです。要するに、一番気になっていることは何ですか？ということなのですが、必ずと言っていいほど、そういう場面では、この聞き方をするので、覚えておいた方がいいでしょう。変化形として、「この企業にとって、夜眠れなくなるほど心配なことは何でしょう？」であれば、

What keeps the company up at night? と言えば OK です。

KEY Points

> 調査関連の英語は、専門的な単語が多いので、使用頻度
の高い単語を覚えておこう。

> デジタル関連の英語は、そのままカタカナで日本語になって
いるものが多い。

> 日本に関連することは、絶対に聞かれるので、ビジネスと関
連する基本的な説明はできるようにしておこう。

PART 3 KEY Points

⬛ 本章のまとめ

・自社が何をしたらよいのかの戦略を立てる前に、3C 分析を
して自社の課題や進むべき道をはっきりさせよう。顧客、自
社、競合に関する簡単な説明を英語でできるようになろう。

・その課題を解決するための施策を検討する際には、4P フ
レームワークを活用しよう。製品、価格、流通、プロモーショ
ンのそれぞれの領域でどのようなことをしているのか、どのよ
うなことをするべきか、英語で説明できるようになろう。

・自分の担当しているビジネスの必要性に応じて、調査関連、
デジタル関連、日本関連の英語についても、よく使いそうな
単語やフレーズは覚えておこう。

PART

4 | シチュエーション別
使える英語

この章では、シチュエーション別に使える英語のフレーズと考え方
についてまとめました。英語で仕事をするには避けて通れない、
自己紹介、プレゼン、会議のファシリテーション、電話会議、な
どのリアルなケースを念頭に置いて、私がこれまでの現場経験か
ら学んできたことをシェアします。
それぞれに関して、「考え方」と「重要な単語とフレーズ」を掲載
していますので、自分の必要なところを中心に読んでいくのもよい
と思います。ただ、テーマの一つ一つがそれぞれ一冊の本になる
ほどの大きなテーマでもありますので、本書では自信を持って英語
を話せるコンフィデントスピーカーに近づくために、「すぐに使える」
ことを念頭に置いて、そのエッセンスをご紹介します。

SECTION

1 自己紹介

　まずは、自己紹介です。どんな仕事をしていても、社内でも社外でも、必ず英語で自己紹介するときがあります。

　一番の基本形は、会議などの前に簡単に自己紹介するパターンでしょう。場合によっては 10 秒もないでしょう。挨拶をして、名前を言って、できたら握手をする、という基本形です。

> **Ken: Hello. I'm Ken.**
> （握手をするために手を差し出す）
>
> **David: Hello, I'm David.**
> （握手する）
>
> **Ken: Nice to meet you.**

　これが一番簡単な基本形です。

　でもこれだと名前しかわからないので、私はできるだけ以下のような形式でやるようにしています。

> **Ken: Hello. I'm Ken, from ABC Electronic, I lead the sales division.**
> （握手をするために手を差し出す）
>
> **David: Hello, I'm David.**
> （握手する）
>
> **Ken: Nice to meet you. Here's my business card.**
> （名刺を差し出す）

90

短い瞬間にもなるべく自分の所属やポジションなどを相手に
伝える方がいいと思っています。それを名前とともにさらっと
伝えられるようになるといいでしょう。また、自分の名前やポ
ジションをしっかりと理解してもらうためにも、できれば名刺
も渡しておく方がよいでしょう。欧米の人も当然名刺は持って
いますので、こちらから渡すと向こうも出してくれるケースが
ほとんどです。渡すこと自体は全く問題ないことなので、堂々
と渡せばいいでしょう。

　自己紹介で次によくあるパターンは、何人か集まった会議の
初めに簡単に一人ずつ挨拶するシチュエーションです。

> **Let's go around the table and introduce ourselves.**
> 順番に一人ずつ自己紹介していきましょう。

と言われて、一人ずつの自己紹介を求められることがありま
す。人数がどのくらいいるかによって、一人一人の自己紹介に
かけられる時間も変わってきますが、いずれの場合にしても、
ビジネスにおける基本形があるので覚えておきましょう。
　先ほどと同様に、まずは、自分の名前と所属を言います。

> **Hi. I'm Tomohiko Tanaka and I'm from ABC holdings.**
> こんにちは。私は田中智彦で、ABC ホールディングスから来ました。

　いろんな会社の人が集まっているような場であれば、自分の
会社名から言いますが、もし参加者が同じ会社の人の各拠点か
らの集まりであれば、自分がどの都市で働いているのかを言っ
てもいいでしょう。

Hi. I'm Tomohiko Tanaka and I'm from ABC holdings Tokyo office.

こんにちは。私は田中智彦で、ABC ホールディングスの東京オフィスから来ました。

次に言うのは先ほど同様、自分の所属部署と部署での役割です。例えば、商品開発部門で新商品開発のチームをリードをしているとします。

I'm from the product development division and I lead the team for the new product development.

私は、商品開発部門で新商品開発のチームをリードしています。

これで、あなたの名前、どこのオフィスから来たのか、仕事上での役割が分かりました。

できたら部署名や肩書だけではなくて、少し具体的にどのようなことをしているのかを加えてもいいと思います。

We develop new concepts and flavors to launch new products.

私たちの役割は、新しいコンセプトやフレーバーを開発して新商品をローンチすることです。

ここまで自己紹介ができれば、あなたがどのような人なのかということが分かってきました。グローバルなビジネスにおいては、あなたの職責を見た目や年齢などで察してくれることはありません。日本ではある程度の年齢の人であれば、それだけで「会社の中で重要な地位にある人なのかな」と暗黙の内に想像してしまいますが、欧米では年功序列はありません。しっかりと

自分のことを自己紹介の短い時間の中で説明しないとあなたが
価値ある人物なのだということは誰も認識してくれないという
ことです。これは欧米に限らず、中国などの世界各国でも同様
です。また、アピールをするというのは必ずしも高い職位のこ
とだけでもありません。若い人でもアピールする方法はいくら
でもあると思います。そのあたりについてはまた後述します。

　会議などで自己紹介する際には、この会議において何を期待
して来ているのかなどを発言する必要もあります。

I'm here to learn new product concepts from other markets, and also share our developments in Japan.
この会議では、新しい商品コンセプトを他の市場から学ぶことと、
日本での我々の取り組みを紹介することを楽しみにしています。

　すべてを通して言うと下のようになります。

自己紹介例

挨拶、名前、会社、場所
Hi. I'm Tomohiko Tanaka and I'm from ABC holdings Tokyo office.
こんにちは。私は田中智彦で、ABC ホールディングスの東京オフィ
スから来ました。

部署、職位（責任範囲）
I'm from the product development division and I lead the team for the new product development.
私は、商品開発部門で新商品開発のチームをリードしています。

具体的な業務内容

**We develop new concepts and flavors to launch
new products.**

私たちの役割は、新しいコンセプトやフレーバーを開発して新商
品をローンチすることです。

期待と貢献

**I'm here to learn new product concepts from other
markets, and also share our developments in
Japan.**

この会議では、新しい商品コンセプトを他の市場から学ぶことと、
日本での我々の取り組みを紹介することを楽しみにしています。

感謝

Thank you.

ありがとうございます。

　こうやってみると長いようにも見えますが、実際には 30 秒
もかからずに話すことができます。このくらいであれば、長い
とも思われないですし、自分のことも参加者にしっかりわかっ
てもらうことができます。ただ、こうやって言えるようになる
ためには、しっかりと事前に準備しておく必要があるでしょう。

　ビジネスで英語を話す必要のある人にとって、自己紹介は必
須のスキルになりますが、**自己紹介のいいところは、すべてが
自分のことなので、前もって準備ができる**ところです。基本の
構造はとってもシンプルなので、自分なりの自己紹介を前もっ
て用意しておきましょう。一度上記のような自分なりの基本形
を書面に落としておくと、自己紹介の時間がもっとあるような
場合でも時間が短い場合でも、どんな場面においても自信を

持って自己紹介できるように頭の中も整理されると思います。自信のない人こそ、事前の準備が大切です。

自分を押し出そう

　グローバルビジネスにおいて相手が察してくれることはないということを前述しましたが、そういった中では、遠慮は無用です。むしろ、相手側も「この人はどのような人なのだろうか」「自分（あるいは自分の会社）にどのようなメリットがあるのだろうか」ということを短い自己紹介の中で見極めようとしているわけです。したがって、**自分が何かしら価値ある人間だと印象付けることを心掛ける**とよいと思います。

　例えば、自分の職位が高い人であれば、その責任ある地位についてしっかりと伝える方がいいでしょう。とある部門をリードしている部門長であることや、何人の部下を率いているとか、さらにはその部門でどのくらいの規模のビジネスを動かしているのか、などになります。

　また、若い方や、そのような高い職位にない人でも、相手が興味を持つような自分の過去の経験などを話す、ということも大事になります。「○○の領域に関しては、過去に△△という仕事に関わった経験があります」、「前に○○を担当していたこともあります」などと自分の過去の経験がこれからの仕事に役立てられることをアピールするといいでしょう。グローバルなビジネスの場では遠慮はいりません。ぜひ積極的にアピールしてみてください。

良い第一印象を残そう

　日本のビジネス現場でも感じられるように、ビジネスの基本

は人と人の関係から成り立っています。それは、グローバルの場であっても同じことです。自己紹介によって第一印象は大きく決まりますし、言うまでもなく第一印象がその後の人間関係に大きな影響を及ぼします。自己紹介を事前に準備する際に、少しでも自分をポジティブに印象付けられないか、何かしらユーモアを入れられないか、など考えておくといいでしょう。

KEY Points

› ビジネスにおいて、自己紹介は重要なスタート。
› 自分が価値のある人間であることを短い時間でアピールできるようになろう。
› 自分を押し出しながらも、よい印象を残すようにしよう。

COLUMN

日本人の名前とニックネーム

日本人の自己紹介で、一つ問題になるのが名前の長さです。短い名前の人はとても恵まれていると思うのですが、長い名前の人は名前を覚えてもらうのも一苦労でしょう。私も、YOSHITAKA MATSUURA と名前が長く、どのように自己紹介するのかを考えさせられました。このままですと、絶対に覚えてもらえないし、覚えてもらえないのであれば意味がないと思っていました。そこで、ある段階から、英語名では、YOSHI ということにしました。これだったら、覚えてもらえるので、そのニックネームに統一することにしました。その結果、やはり顕著に成果が感じられていて、この数年は、これで会社グループ内外への認知向上にもかなり機能しているように感じます。今では、名刺の英語名も YOSHI

MATSUURA に統一していますし、メールアドレスも yoshi. matsuura@ に統一しています。自分も一つのブランドだと考えると、やはり名前を覚えてもらえるようにすることは大事なことだと再認識しています。確かに、中国で働いていた時には、中国人の同僚やクライアントの多くの方が、英語名のニックネームを持っていました。それは中国語名とは全く関係ないものでしたが、お互いを、ERIC とか KAREN とか呼び合っていました。確かに、色々な国の人と仕事する際には、覚えやすいしスムーズだなと感心させられました。最近では日本人でも MIKE など英語名を付ける人もいれば、私のように日本語名を短くしたニックネームを付ける人も増えてきています。そういえば、楽天の三木谷社長も、"Mickey" とニックネームをつけていますよね。外国人にとって覚えにくい名前の方は、ぜひ検討してみてください。

SECTION

2 | プレゼンテーション

　次はプレゼンテーションです。プレゼンには、いろんな種類がありますが、社内のプレゼンでも、大事な社外へのプレゼンでも、常に何かしらの目的があってプレゼンをしているはずです。例えば、プレゼンテーションをする相手側に、日本市場の状況を理解してもらった上で、今後取るべきアクションについての協力をしてもらうとか、投資をしてもらうとか、何かしらの目的を持ってプレゼンすることが多いでしょう。そのようなプレゼンの時に使える英語を紹介します。

まず感謝する

いきなりですが、プレゼンテーションの最初は、感謝から始めましょう。これは欧米でのビジネスプレゼンのマナーのようなものでもあります。日本でも会議の前に、「本日はご足労頂きましてありがとうございます」、「本日はお忙しいところお集まりいただきまして誠にありがとうございます」といったように感謝から始めることも多いと思いますが、それと同じようなことです。

Thank you for giving us the opportunity to introduce our business to you.
私たちのビジネスについて紹介させて頂く機会を頂きましてありがとうございます。

Hello, ladies and gentlemen, thank you for coming…
こんにちは、みなさま、ご出席頂きありがとうございます。

It's a great honor to be able to speak to you today.
本日は皆様の前でお話しできて大変光栄です。

プレゼンテーションの目的は様々ですが、このような感謝の言葉からプレゼンをスタートするのがスムーズなスタートです。誰もが心地の良い感謝のスタートから、プレゼンテーションを始めます。これはある意味ルールのようなものなので、聞いている方もスムーズな感じがします。

自分を紹介する

次に自分を紹介します。これは、先ほどのパートと同じです。プレゼンの最初に自分が誰なのか、名前、会社、職位などをしっかりと紹介することが重要です。人によっては、最初のスライド（最後のスライドにも）にメールアドレスなどの連絡先を明記する人もいます。こうすることで、プレゼンの後に連絡を取ってもらいやすくする狙いです。自己紹介をしたら、プレゼンの目的について話しましょう。

Hi, I'm Ken Yamaguchi and I am the head of marketing of ABC Corporation.

こんにちは、私は山口健です。ABC コーポレーションのマーケティング責任者です。

Hi everyone, my name is Ken Yamaguchi and I am the head of marketing of ABC Corporation.

皆様こんにちは、私は山口健です。ABC コーポレーションのマーケティング責任者です。

今日の目的を話す

これからのプレゼンはそもそも何のためにするものなのでしょうか。多くの参加者がそれを知っている場合もあるかもしれませんが、もしかすると参加者の中にはよくわかっていない人もいるかもしれません。冒頭でしっかりとこれから話す内容の大きな目的について確認しておく必要があります。

Today, I'd like to talk to you about…
本日は、皆さまに、……についてお話ししたいです。

The topic of today's meeting is…
本日のミーティングのトピックは……です。

必ずアジェンダを話す

　続いては、アジェンダの説明になります。アジェンダとは、議題です。今日自分が何をプレゼンテーションするのか、最初にその大まかな流れを説明します。アジェンダの説明があることで、**参加者もなぜあなたの話を聞かなければならないのかがはっきりします**。したがって、このアジェンダを説明するという最初のパートは重要なのです。このパートで参加者の興味を引き付けましょう。前向きに、興味を持たせて、印象付けることが大事です。そして、このあたりは特に手元のメモを見たりすることもなく話せるといいでしょう。英語では、結論を先に持ってくるべきというのは第一章でも説明した通りです。プレゼンテーションでもそれは同じ。最初にこれからどのような話をするのか、流れを説明してから内容に入ります。

Ok, here is today's agenda.
さて、本日のアジェンダはこちらです。

My presentation has 4 parts…
私のプレゼンテーションは4つのパートに分かれています。

プレゼンで最も主張したいことをはっきりさせておく

プレゼンテーションには結論が必要です。最も言いたいことが何か、そのためにプレゼンテーションをしているわけですから、その最も言いたいことを明らかにしなくてはなりません。

そしてその最も言いたいことをサポートするために、プレゼンテーションのアジェンダは構成されているといっても過言ではありません。

最も主張したいことをプレゼンのどこに入れるのかについては、いくつかスタイルがあります。最初に言ってしまうやり方もあるし、最後に持ってくる方法もあると思います。

This is our conclusion of our presentation.
これが私たちのプレゼンテーションの結論です。

I'd like to conclude by ....
……のように結論付けたいと思います。

最後にリキャップ（要約）をする

プレゼンテーションには最後に明確なクロージングが必要です。プレゼンを通じて話してきた要点を、最後にまとめておさらいするといいでしょう。語り手は長い時間をかけてプレゼンテーションをつくってきましたが、多くの場合は聞き手は初めて聞くわけですし、また1回しか聞いていないため、全体の流れがどのように構成されていたのか、最後に簡単にリキャップ（要約）すると聞き手の理解が深まります。理想的にはあなたの意見や、次のステップに関するあなたの意見などがあって

もいいでしょう。また、その後には、冒頭同様に感謝の言葉、そして Q&A の時間を設けるのが好ましい構成です。

Let me recap what we have been explaining in our presentation.
私たちのプレゼンテーションで説明してきたことをおさらいさせてください。

Let's summarize briefly what we've looked at…
ここまで見てきたことを簡単に要約させてください。

To sum up…
まとめますと……

プレゼンテーションを締める

　プレゼンテーションの最後には、締めの言葉を感謝で終わるとよいと思います。そうすることで、プレゼンが終わったことがわかりますし、拍手をする場合は、拍手をしてもいいキュー出しの合図にもなります。日本語でもそうですが、最後に「ありがとうございました！」と言うと、拍手が起きやすいものです。ぜひ英語でも同様に、このような英語を使ってプレゼンを締めてみましょう。

This brings me to the end of my presentation, thank you all for listening.
これでプレゼンテーションは終わりになります。皆様ご清聴ありがとうございました。

That's it from me. Thank you for your attention.

私からは以上です。ご清聴ありがとうございました。

いつ質問していいかをはっきりさせる

　質疑応答（Q&A）は、通常、プレゼンの最後にとるものですが、場合によっては途中で質問してくる人がいるかもしれません。参加者の人が、いつ質問をしたらいいのかをなるべくプレゼンの初めの方に明示しておく方がいいでしょう。

　質問をプレゼンの最後にまとめて受け付ける場合は、このように伝えましょう。

There will be a Q&A session after the presentation.

プレゼンテーションの後に質疑応答の時間を設けます。

If you have any further questions, I will be happy to talk to you at the end.

何か追加質問などありましたら、最後に喜んでお受けいたします。

　逆に、プレゼンの途中でいつでも質問してほしい場合は、このように言いましょう。

Please feel free to interrupt me at any time if you have any questions.

何か質問がありましたら、いつでも私を止めて聞いてください。

I will be happy to answer your questions at any time during the presentation.
プレゼンテーションの間、質問があったらいつでも喜んでお受けいたします。

今質問はありますか？と確認するとき。

Does anyone have any questions before I move on?
次に進む前にどなたか何か質問はありますか？

I will be happy to answer your questions now.
今、皆様からの質問に喜んでお答えいたします。

ページとページとの間のつなぎにメリハリを持たせる

　プレゼンテーションにおいて、日本語でもそうですが、スライドが変わるときにその関係性をしっかりと明示する方が、聞いている方は流れをわかりやすく感じます。

I'd like to move on to another part of the presentation...
プレゼンテーションの次のパートに移りたいと思います

Now let's move on to...
さあ、……に移りましょう

For example, ...
例えば、……

In addition, ...
加えて、……

This leads me to the next point…

このことは、次のポイントである……につながっていきます。

次の発表者にバトンタッチするとき。

Now I will hand over to John Henderson.

ここで、ジョン・ヘンダーソンに譲りたいと思います。

◢ 練習をしよう

　プレゼンテーションは、日本語であっても練習がモノをいいます。慣れない英語でのプレゼンであれば、なおさらです。いつも以上に練習が必要です。一流のプレゼンテーターも皆、かなりの練習を経てから素晴らしいパブリックスピーカーになっています。リハーサルや練習を、同僚や友人などとやってみるのは有効です。練習はやればやるほど修正ポイントなどが明らかになってきます。

　また、リハーサルから本番にかけて、「えー」「あー」といった不要な言葉（英語だと、uhh, umm, you know など）を言わないように意識しましょう。「えーっと」や「なんというか」という日本語を英語プレゼンの間に交えるのもやめましょう。こうした言葉が入らないだけで、聞き手にとってあなたのプレゼンは自然で、とても自信のあるものに聞こえてきます。イメージトレーニングとして、著名なスピーカーの動画を見ることをお勧めします。英語のプレゼンの仕方、ペースや雰囲気を参照にするのは大いに役立ちますのでたくさん見て流れを体で覚えましょう。

プレゼンテーション例

1. 歓迎

Good morning and welcome to ABC Holdings.

おはようございます。ABC ホールディングスへようこそ

Thank you very much for coming.

お越し頂きましてありがとうございます。

2. 自己紹介

My name is Ken Yamaguchi and I am the head of marketing.

私の名前は、山口健です。マーケティングの責任者をやってます。

3. プレゼンの概要説明をする

Today, I am going to talk to you about …

本日は、……についてお話させて頂きます。

In today's presentation I have 3 parts

本日のプレゼンテーションは３つの部分があります。

Firstly, … , after that we will look at … , and finally … .

初めに……、続いて……について説明し、最後に……

4. 質問の時間を最後に設ける

I am happy to answer any questions that you may have at the end.

何か質問などありましたら、最後に喜んでお受けいたします。

5. 各パートのプレゼンテーションを始める

Let's start with … .

まず……から始めましょう。

6. 各セクションをしめる

So, that concludes the first part … .

これで最初のパートは終わりです。

7. 新たなセクションに移る

Now let's move on to the next part.

それでは、次のパートに行きましょう。

8. 最後にプレゼンをサマリーする

Well, that concludes my presentation. Now, let me summarize my presentation.

これで私のプレゼンテーションは終わりです。ここで私のプレゼンテーションを要約させてください。

9. 感謝をしてプレゼンを締める

Thank you for your attention.

ご清聴ありがとうございました。

10. 質問を受け付ける

I will be happy to answer your questions now.

今から喜んで質問をお受けいたします。

KEY Points

> 英語プレゼンテーションは、基本的には決まった形の流れが
  ある。

> アジェンダを説明することで、参加者の興味を喚起すること
  が大事である。

> プレゼンテーションで役立つのは、プレゼンテーションの流
  れをつくる定型の英語を身に着けること。

SECTION

3 | 会議・ディスカッション

　次はミーティングでの英語です。ここでは、あなたがミー
ティングを仕切る必要があると想定しましょう。英語でミー
ティングに参加できても、英語でミーティングを仕切るという
のはなかなかハードルが高いかもしれません。出席者の積極的
な参加を促して有意義な会議にするために以下のポイントに気
を付けてみましょう。

◪ 参加者が興味を持つような会議にしよう

　自社のチームだけが参加する会議であろうと、社外のお客様
との会議であろうと、基本的な要点は一緒です。どのような人
であってもつまらない会議に出席したいとは思いません。会議
を仕切る人はその会議が意義のあるものになるようにポジティ
ブな雰囲気をつくることが重要です。場合によっては、会議の
最初に少し軽いトークやジョークなどから会議を始めてみても

いいでしょう。特に、会議に初めて参加する人がいたら、会議のリーダーであるあなたから、その人を紹介をする必要があるでしょう。

Good morning / afternoon everyone.
皆様、おはようございます（こんにちは）。

Have you met John? He is our new IT manager.
ジョンと会ったことはありますか？　私たちの新しい IT マネージャーです。

Can we all welcome John, our new IT manager?
私たちの新しい IT マネージャーのジョンを皆さんで歓迎しましょう。

参加者全体に話し掛ける

　会議の時には会議に参加している全員に話し掛けることが大切です。ただ、人数によっては、全員と実際に話し掛けることは無理でしょう。その際には、会議室の端にいる人たちと目を合わせておくことで、会議に参加している全員に話し掛けているという気遣いが、参加者にも感じられます。参加者も自分にも話し掛けられていると思うと、自然と会議へのコミットも上がっていきます。通訳機を使って会議に参加している人もいるかもしれません。そういう方には、「ちゃんと聞こえていますか？」と気を配ってあげることも大切でしょう。

Since everyone is here, we can begin.
全員そろったので、始めましょう。

Was that clear to everyone?
みなさん、今の内容、よくわかりましたか？

アジェンダを明確にしよう

　会議が成功するためには、会議の冒頭にアジェンダをはっきりさせることが大事です。アジェンダをはっきりさせることにより、会議の目的が明確になり、無駄のない集中した議論が可能になります。何のために、何を議論するのか、限られた時間を有効に使うためにも、まずはアジェンダを明確にしましょう。理想的には会議の前にアジェンダを全員と共有しておき、会議の初めにはそれを軽く確認するくらいがよいでしょう。

Today, we are here to discuss last month's sales.
本日は、先月の売り上げについて議論するために集まりました。

This meeting was called so we can review the most recent project.
このミーティングは最新のプロジェクトをレビューするために招集されました。

There are seven items on our agenda. Let's start from the first one.
アジェンダには 7 つの項目があります。最初の項目から始めましょう。

意見交換を促そう

　会議というのは、一人がずっと話して終わるものではなくて、なるべく参加者全体からの意見をもらうことが大事です。

したがって、あなたが会議を仕切っているのであれば、会議の間に、参加者からの意見や質問をもらったりするように促しましょう。それは会議の最後にまとめて聞くというよりは、会議の途中から要所要所で意見を聞いてみるように促すのがいいでしょう。ネイティブスピーカーは、自然と発言をたくさんしてくると思いますが、そうでもない人にもあえて発言を促すことで、バランスの取れた議論ができるように意識しましょう。

全員に聞く

Does anyone have any comments?
どなたか何かコメントがある方はいらっしゃいますか？

Is there anything you'd like to add?
何か付け加えたいことはありますか？

特定のメンバーの意見を聞く

Sophie, do you agree with this idea?
ソフィー、このアイデアに賛同しますか？

Dave, could you share your opinion on this plan?
デーブ、このプランに関してあなたの意見を教えてください。

Karen, how do you feel about this marketing strategy?
カレン、このマーケティング戦略についてどう思いますか？

We haven't heard from you yet, Nick. Do you mind sharing your thoughts?

ニック、まだコメントもらってませんね。あなたの考えを共有してもらえますか?

Would you like to add anything to his presentation, Jack?

ジャック、彼のプレゼンテーションに対して何か付け加えることはありますか?

Steph, what do you think about this?

ステフ、これについてどう思いますか?

♩ タイムマネジメントをしよう

　ミーティングは、多くの参加者がスケジュールを合わせて成り立っている貴重な時間です。その貴重な時間を有意義なものにするためには、時間をマネージすることも大事なポイントになります。終わりの時間を意識して、そこまでにどのように時間を割り振って議論をしていくのか、会議のリーダーは考えなくてはなりません。海外の人と会議をすると、文化によっては、時間にルーズな人もいるかもしれません。また、逆に時間に対してとても厳しい人もいるでしょう。時間内で有意義な議論をするためには、最初のアジェンダ設定や、議論する長さをうまく配分する調整能力もとても大事になります。

We need to finish this meeting in one hour.

このミーティングを1時間で終わらせないとなりません。

We are running out of time for this meeting.

このミーティングの時間がなくなってきました。

That is all the time we have for today's meeting, but let's discuss that next time.

ここで今日のミーティングの時間は終わりになりますが、それについては次回話しましょう。

We've run out of time for today, but our next meeting will be Monday morning.

本日の時間は足りなくなってしまいましたが、次のミーティングは月曜の朝になります。

会議の内容をまとめる

　会議の最後には、会議のリーダーがディスカッションした内容や合意した内容をまとめる必要があります。また、この会議を受けたネクストステップ、いつまでに、誰が、何をやるのかについてもまとめるといいでしょう。

会議内容をまとめる

Let me summarize today's important points.

今日の大事なポイントをまとめさせてください。

To sum up, today, we discussed points A, B and C.

まとめると、今日はポイント A、B、C についてディスカッションしました。

Before we go, let me briefly summarize what we have decided.

解散する前に、我々が合意した内容について簡単にまとめさせてください。

会議を受けたアクションを明確にする

Karen, can you fix these changes we discussed today, by Thursday afternoon?

カレン、本日議論した変更点について木曜の午後までに修正してもらえますか？

Nick, we need to prepare these numbers for our meeting next week.

ニック、来週の次のミーティングまでにこれらの数字を準備する必要があります。

会議の流れ・例

Chairperson: Good morning everyone. First of all, I'd like to introduce you to John, our new IT manager.

司会進行役：皆様おはようございます。まず最初に、我々の新しいITマネージャーであるジョンを紹介します。

John: Hi, nice to meet you all.

ジョン：こんにちは。みんなに会えてうれしいです。

Chairperson: Let's talk about today's agenda. First topic …

司会進行役：今日のアジェンダを説明します。最初のトピックは
……

Chairperson: Sophie, do you agree with this idea?

司会進行役：ソフィー、このアイデアに賛同しますか？

Chairperson: That's a great point. Is there anything else anyone would like to add?

司会進行役：それは、いいポイントです。他に誰か何か追加したいことはありますか？

Chairperson: I'm afraid we've run out of time for today.

司会進行役：残念ながら、今日の時間はなくなってしまいました。

Chairperson: Before we go, let me summarize what we have decided.

司会進行役：解散する前に、合意した項目について要約させてください。

Chairperson: Karen, can you fix these changes we discussed today, by Thursday afternoon?

司会進行役：カレン、本日議論した変更点について木曜の午後までに修正してもらえますか？

Chairperson: Thank you all for coming.

司会進行役：皆様お集まり頂き、ありがとうございました。

KEY Points

> 英語の会議では、参加者全体に話しかけたり、意見交換を促すことが非常に重要。

> 日本語の会議でもそうだが、会議の最後に、議論した内容をまとめ、ネクストステップを確認することが重要なので、その関連の英語は覚えておきましょう。

SECTION

4 | メール

　英文のメールを読むのはそれほど問題ないけれど、自ら書くのは少し困っているという声を多く聞きます。英文メールについてもビジネス上のルールやエチケットが存在します。それは、英語のノンネイティブであっても、当然知っておくべきこととして期待されています。

　まず、前提としてこれだけは気を付けないとならないのですが、**日本語のメールをそのまま英文にすればいいと思わない**ようにしましょう。

　日本のメールはとても丁寧ですが、挨拶など、用件とは関係ない文章が非常に多いのです。また、日本語でメールをする際には、いきなり用件だけを書いたら失礼に感じることもあるのかもしれませんが、逆に英語では、むしろ用件をクリアにしてストレートに書く方が、何を聞いてきているのかが相手にもはっきりします。

まずは件名で用件を明確に

メールの受信者が最初に目にするのがメールの件名です。この件名の付け方だけで伝わることも多いですし、また、相手にメールを開いてもらえるかどうかについても、件名が大きく影響します。そのように考えると、件名の付け方はとても大事で、「hello」などの意味のない件名を付けないように注意しましょう。件名は、シンプルでなくてはなりませんが、同時に用件がわかりやすく表現していないとなりません。理想的には、あなたのメールの内容が大まかに伝わるような件名を付けることが大事です。例えば、「Question.（質問）」ではなく「Question about the agenda for Monday meeting.（月曜のミーティングのアジェンダに関する質問）」という件名の方が、何を質問したいのかが件名だけでもわかるでしょう。シンプルな一行でどのような要件なのかをはっきり件名に書くのは大事なことです。

挨拶から始める

続いて本文ですが、さすがに英文メールでもいきなり用件からは始めません。まずは、相手に対する挨拶から始めましょう。

もし相手との関係がビジネス上のもので少しフォーマルな（それほどまだ親しくない）関係であれば Dear Mrs. Henderson などのようにファミリーネームを使いましょう。相手との関係が、ある程度顔見知りでフレンドリーな場合は、もっと簡単に Hi David. などからスタートしてもよいでしょう。もし初めてメールを送る場合で、相手の名前がわからない場合には、To whom it may concern あるいは Dear Sir/

Madam と書くのが一般的です。

Dear Mr./Ms. Firstname Lastname
（とてもフォーマル）

Dear Mr./Ms. Lastname
（フォーマル）

Dear Firstname Lastname
（フォーマル）

Hi Firstname
（カジュアル、フレンドリー）

To whom it may concern
（相手の名前がわからない場合）

相手に対して感謝をする

　もし誰かがあなたに対してビジネスのお問い合わせのメール
をしてきたとします。そういった場合には、そのメールに対す
る返信として、お礼の文章から始めるのがよいでしょう。

Thank you for contacting ABC Company
ABC カンパニーへご連絡頂きましてありがとうございます。

　もしあなたが出したメールに対して何かしらの返信が来た場
合には、

Thank you for your prompt reply.
早速のご返信ありがとうございます。

Thanks for getting back to me.
ご返信ありがとうございます。

こうやって感謝から入るのは、英文メールでは自然な入り方ですし、読み手にとって、あなたの与える印象が良いものに感じられます。このように、**英文メールでは基本的にポジティブに書くことが大切です。**

◢ 目的を書く

もしあなたからメールを出している場合には、何かしらの感謝から入れないケースもあるかもしれません。その場合には、このメールを書いている理由から入っていきましょう。I am writing to enquire about ...（…について伺いたいです）あるいは I am writing in reference to ...（…について書いています）などと、なぜメールを書いているのかについてから文面をスタートしましょう。そうすることで、「このメールは、こういった目的で書いています」という大きな見出しのような役割を果たします。メールの読み手もとても忙しいので、あなたがどんなことを求めているのかを早く知りたいと思っています。まず大見出しのように、このメールの大きな目的を書き、その後に続いて詳細を書くのがよいでしょう。

I am contacting you as…
……に関してあなたに連絡しています

I am writing to you regarding…
……に関してあなたにメールを書いています

メールの締め方

メールの最後は、改めて読み手に対して感謝の言葉を付けるか、何かポジティブな言葉で締めくくりましょう。Thank you for your patience and cooperation（ご辛抱とご協力のほど、よろしくお願いします）または Thank you for your consideration（ご検討よろしくお願いします）と書いて、続けて If you have any questions or concerns, don't hesitate to let me know（質問や気になることがありましたら遠慮なく知らせてください）あるいは I look forward to hearing from you（お返事をお待ちしております）といったような形式です。

Thank you for your consideration.
ご検討よろしくお願いします。

Should you have any questions, please do not hesitate contact me.
何か質問がありましたら、遠慮なく連絡してください。

I look forward to hearing from you.
お返事をお待ちしております。

結びの言葉

最後には、結びの言葉と自分の名前で終わるのが一般的です。"Best regards" や "Sincerely" などがビジネスでは一般的です。一般的にはビジネスでは "Best wishes" や "Cheers" は避けた方がいいといわれますが、気心の知れた相手の場合には

使ってもよいでしょう。

Yours sincerely,

（とてもフォーマル）

Best regards, / Kind regards,

（フォーマルで、最も使用頻度高い）

Take care, / Thank you, / Have a nice day / Cheers

（あまりフォーマルではない）

外国の同僚への依頼メール

　ここで参考までに一つのメールの事例を紹介したいと思います。これは、私が以前ロンドンのオフィスから依頼を受けたメールです。彼女はロンドンで取り組んでいる仕事のために、日本、アメリカ、中国などでの状況をヒアリングしてきました。しかも、非常にタイトな日程での依頼です。読者の方々も、同じように海外の同僚に何かお願いをするときに以下のようなメールが参考になるかもしれませんので、少しだけ修正を入れて、ご紹介したいと思います。（内容は守秘義務などにかんがみ、かなり修正をしています）

メール例1・英語

From: Goodwin, May (LDN)
Sent: Tuesday, June 13, 2017 3:58 AM
To: Matsuura, Yoshi (TYO) <Yoshi.Matsuura@***>;
Elena(SHN) <elena.XXX@***>; Kara (BKK) <Kara.
XXX@***>; Amanda (NYC) <Amanda.XXX@***>;
Steve (MSC) <Steve.XXX@***>
Subject: Your help needed: BRAND ZZZ

Hi Elena, Kara, Amanda, Yoshi & Steve,

Firstly, to introduce myself-I've recently started in the
new business team and have been asked by Chris to
get in touch with you all.

We are pitching for a brand positioning brief for
Brand ZZZ and would really appreciate your help!

We have a few questions below-anything you can
provide that gives us an insight to the cultural
nuances of each of the markets (their key ones being
Russia, China, Thailand, Japan & USA) would be a
great help:

> 1. How YYY category in general is viewed in
>   each of your markets? (e.g. how developed
>   is the category / general attitudes towards it
>   etc.)
> 2. A perspective on Brand ZZZ (e.g. any

strengths & weaknesses)

3. The reputation of Brand ZZZ vs other brands? (for better/worse)

Any visual representation that helps bring the above to life would also really help us + a headshot of you so we can make sure you're in the pitch with us!

We are also working on 3 simple territories which we would love your initial thoughts on, I will be able to share these with you tomorrow. Again hopefully, fairly straightforward and not taking too much of your time as appreciate this is an ask. I will give you a quick call to check this works for you all.

The pitch itself is on Monday 19th-so we would love to get everything together by **EOP Thursday 15th June**

If you have any questions about anything, please give me a call on the mobile number below!

Thanks,

May

May Goodwin|MARKETING MANAGER

T+44 (0) *** *** **** M+44 (0) **** *** ***

メール例1・日本語

エレーナ、カラ、アマンダ、ヨシ、スティーブ、こんにちは。

まず、自己紹介させてください。私は最近、新規ビジネスチームに入りまして、クリスからあなた方と連絡を取るように言われました[1]。

私たちは今 ZZZ ブランドのブランドポジショニングに関する競合プレゼンに参加していまして、皆様の協力が必要です！

下記にいくつかの質問があります。どのような情報でもいいので各市場の文化的なニュアンスがわかるような洞察を送って頂けると助かります（彼らの重点市場はロシア、中国、タイ、日本、アメリカなのです）。

1. あなたの市場では、YYY 業界は一般的にどのように見られていますか？（市場の成熟度、一般的な態度など）

2. ZZZ ブランドに関する認識（強みと弱み）

3. 競合と比較しての ZZZ ブランドの評判（良いことも・悪いことも）

上記をわかりやすくするような、ビジュアル表現物があったらどのようなものでもとても助かります。また、一緒にやっていることがプレゼンで示せるように、あなたの顔写真も送ってください！

加えて、いま 3 つの簡単な方向性について作業していまして、皆様からの簡単な意見をもらいたいと思っていますので、明日それらを共有します。このお願いは、基本的には（無料での）依頼なので、たぶん比較的わかりやすいし、それほどお手間にならないことと思います。これでお願いできるかどうかチェックするために、後ほど簡単にお電話差し上げますね[2]。

プレゼン自体は、19 日月曜日です。なので、すべてを **6 月 15**

日木曜日の就業時間内に送って頂けると幸いです[3]。

もし何か質問がありましたら、下記の携帯電話までお電話ください！

ありがとうございます。

メイ

1. このように、誰から紹介されたということは有効です。みんなが知っている人や、職位の高い人からの依頼であることを明確にすることで、依頼される人の協力度合いを高めます。
2. このように、お金をかけてやるべきことなのか、無料でやってほしいお願いなのか、明確にしておくことが大事です。もちろん、頼んでいる案件の手間などを勘案した結果、無料ではできませんと言われてしまうこともあります。
3. end of play (EOP) は、就業時間の終わりを意味するのでイギリスだと 17 時半、アメリカだと 17 時頃と言われています。end of business (EOB), close of business (COB), close of play (COP) という言い方もあります。同様に、end of day (EOD) は、24 時のことをいいますが、人によって使い方が異なるため、気になる場合は、念のため確認をした方がよいでしょう。

　お読みになって分かるように、非常に大まかな概要を知りたいというお願いです。あるブランドとそのカテゴリーについて、いくつかの国の同僚に、同じ質問を投げかけています。「その業界が各国でどのようになっているか」「そのブランドは、どのように認識されているのか」「そのブランドは、競合のブランドと比べてどのような状況か」ということを聞いてきています。また、このメールではまだ作成中のようでしたが、3 つほど考えていることがあるので、明日以降お送りするということも書いてあります。

　こういったお願いで大事なことは、**何を、いつまでにお願いするか、ということを明確にすること**です。このメールで

は、6月15日のEOPまでに送るようにお願いしてきています。お願いされる方も、いつまでに対応すべきかを把握するために、大事なポイントになりますので、彼女は、そこを太字でハイライトしています。

　今後、日本で働く我々も、海外オフィスの人たち、あるいは、海外の協力機関、お客様とのやりとりをすることが増えてくると思いますので、こういった依頼メールについても、概要を把握しておくとよいでしょう。

感謝を伝えるメール

　また、同様に、外国にいるチームに対して、御礼を伝えるメールを書く時があると思います。様々なシチュエーションがあるとは思いますが、参考までに、私が受けたことのある感謝のメールをご紹介いたします。（内容は一部修正しております）

　これはクライアントに提案をした後に、クライアントから自社のチームリーダーに来た感謝のメールを彼女が転送してくれた時のものです。チームに関わったみんなに感謝を伝えるとともに鼓舞をするいいメールです。

メール例2・英語

Hi team AAA!
I just wanted to share the kind words from our client with all of you.
It truly was a team effort for all of those in and out of the meeting room!

Great work!
More to come.
Cheers!
Christina

メール例2・日本語

AAA チームの皆様
クライアントからの温かい言葉を皆様ともシェアしたいと思います。
それはまさに、会議室の内外にいた全員の努力の結果です。
素晴らしい仕事でした！
これからからが本番だよ。
ありがとう／じゃあね
クリスティーナ

次は会社の経営層から、とあるプロジェクトに関わったメンバーへの感謝のメールです。みんなの努力のおかげでうまくいったよ、と伝えたいときに参考にするとよいメール文面です。

メール例3・英語

To all of you,
It could not have been possible without your efforts
to make last week be so spectacular for us.
You all worked incredibly hard to make it the success
it was and the whole company owes you a debt of
gratitude.

Thank you.
It could not have happened without you.
Best,
David

メール例3・日本語

皆様へ
あなたの努力なしでは先週があそこまで素晴らしいものになら
なかったと思います。
皆さんがあのように成功させるために信じられないほど一生懸
命やってくれました。全社がそれに対して恩義を感じてます。
ありがとうございます。
あなたなしでは成功できませんでした
盛運を／ごきげんよう
デイビッド

KEY Points

› 英文メールは、用件をはっきりさせて、シンプルに書く。
› 件名、挨拶、結びの言葉など、決まったフォームをしっかり
  おさえておく。
› どのような時でも、基本的にはポジティブに書くようにする。

COLUMN

送付する前に最終確認を!

メールを送る前に、最後にもう一度文面を見直してください。英語のつづりのミスや、意味が通じないところがないかどうか、もう一回目を通すことで結構ミスが見つかるものです。最近では、ソフトでスペルチェックもできますので、赤い下線がついていないかどうかもチェックしてみて下さい。メールは文面で残るものなので、個人的にも会社的にも、ミスが多いと印象があまりよくありません。当然ながら、wanna (=want to) や gonna (=going to) といった、あまり砕けた言い方もビジネスメールでは望ましくありません。もし大事なメールであれば、英語ネイティブの人に見てもらうのも手でしょう。

英語のビジネスメールにもいろんなルールがあることを説明してきました。一見面倒そうなことも多いですが、慣れてしまうと形式が決まっているので、楽なものです。ぜひ、たくさんメールを出していくことで慣れていってください!

PART

1

2

3

4

5

シチュエーション別　使える英語

SECTION

5 | 電話会議

　ビジネスで英語を使うようになると、きっとメールだけではなく、電話会議をすることも増えてくるでしょう。電話会議は基本的には普通の会議と同じとも言えますが、なにぶん相手の姿が見えず、非言語コミュニケーションが全く存在しないた

129

め、英語ノンネイティブからすると難度が上がります。英語の
ライティングやスピーキングにある程度自信がある人であって
も、電話会議の英語には苦戦する人も多いのではないでしょう
か。私もかつては同じような印象を持っていましたが、回数を
こなし、電話会議のスタイルがあることを理解した後は、苦手
意識もほとんどなくなりました。その電話会議のスタイルや、
電話会議で頻出する使える英語を学んでいきましょう。基本形
は、通常の会議と同じですが、いくつか電話会議ならではのお
作法もありますので、そのあたりを中心にご紹介したいと思い
ます。

電話会議の前に

　電話会議の前に、機材に慣れておくことは言うまでもありま
せん。こちらの声を消すミュートボタンなどは頻繁に使います
ので、最低限の機能はしっかり把握しておきましょう。慣れて
くると外で電話会議にコールインすることも多くなると思いま
す。その場合は静かな所で電話できるように場所の確保をしま
しょう。

　電話会議においても重要になるのは、何よりも準備です。事
前の資料があったら先に読み込んでおいて、わからない単語は
調べておきましょう。もし可能であれば、資料を先にもらえる
ようにお願いしておくと非常にやりやすくなります。その上
で、わからないポイントや、コメントをするポイントなどを事
前に用意しておきましょう。いいコメントをするために関連す
るデータを少し下調べしておくこともお勧めです。少し準備し
ておくことで、「○○に関して、日本ではこのようなデータが
ありました」と発言することができるでしょう。

発言を求められる場合は、事前に何を言うのかを準備して、練習しておくことをお勧めします。特に、キーワードについては、電話会議でも通じるように発音やイントネーションなどをチェックしておく必要があります。電話会議の難しいところは、通信環境が必ずしも良くないということです。念入りに準備しておくといいでしょう。

　少し変わった手法ですが、会議の前に先に自分の意見をメールで全員に送ってしまうという手法もあります。言いたいことが多い場合、あるいは、電話会議ですべてを伝える自信がない場合に有効な手段ではありますが、いつもこの手法を取ると、電話会議の意味がなくなってくるので、必要な時に限った方がいいかと思います。

◢ 電話会議が始まったら

電話会議はこういった一言で始まることでしょう。

Are we all on?
皆さん入ってますか？

Can I ask that we all state our names, please?
参加している皆さん、名前を言ってもらえますか？

Hi. It's Ken in Tokyo.
こんにちは。東京の健です。

Can everybody hear me?
皆さん聞こえますか？
（司会進行役を務める人が必ず言うコメントです）

131

遅れている人がいたら下記のように言って、数分待ちましょう。

We'll wait a few minutes.
数分待ちましょう。

Sorry I'm late.
遅れてすいません。

会議が進行する中で、もし分からないことや、困ったことがあったらすぐに言いましょう。

Ken speaking. Could you speak more slowly please?
健です。もう少しゆっくり話してもらえますか?

I'm sorry, I don't understand the word … . What does it mean?
すいません。……という言葉がわからないのですが、どういう意味ですか?

Would you mind spelling that for me, please?
すいませんが、そのつづりを教えてもらえますか?

Could you explain that in another way?
違う方法で説明してもらえませんか?

また、時には回線の調子が悪いことを伝える必要があるかもしれません。回線が悪い場合や、切れてしまった場合は、以下のように説明するといいでしょう。

The line / connection is very bad today.

今日は回線がすごく悪いですね。

Ken here. I got cut off for 5 minutes but I'm back again.

健です。5分ほど切れてしまいましたが、今つながりました。

Sorry, I put myself on mute.

すいません、ミュートにしていました。

（コメントを求められたが、ミュートにしていたためすぐに反応できなかった時に）

コメントしたい場合には、

I'd just like to add one thing.

一言だけ追加したいのですが。

と言ってから、コメントするとよいでしょう。このあたりは、通常の会議と同じになります。普通の会議よりもなかなかコメントしづらいと思いますが、タイミングを見てしっかりとコメントするようにしていきましょう。ハードルは高いですが、次第に慣れていきますので、チャレンジを続けましょう。

　もしあなたが電話会議の司会の場合は、会議参加者の発言を促し、時間内に有効なディスカッションをして、最後にまとめる必要があります。それは、通常の会議と同じです。最後に参加者全員にお礼を言うことも忘れないようにしましょう。

All right, nice call everyone.

皆さん、いい電話会議でした。

We decided to fix the document, so Karen, please get started on that ASAP.

文書を修正することを合意しましたので、カレンさん、すぐに取り掛かってください。

We'll regroup again next week.

また来週に集まりましょう。

Thanks, guys. Talk to you soon.

皆さん、ありがとう。また近いうちに話しましょう。

電話会議が終わったら

　会議が終わったら、合意したことを会議の司会進行役と確認しましょう。通常は、司会進行役の方から確認のメールが来るでしょう。同様に、自分が司会進行役だった場合には、参加者全員に本日の決定事項をメールでも送りましょう。確認にもなりますし、会議に参加できなかった人にもどのような議論がされたのかがわかります。

COLUMN

ビジネスでよく使う英語の略語

この書籍の中でもいくつか紹介してきましたが、業務で英語に触れている方の中にも、英語には略語が多いと感じられている方が多数いらっしゃることでしょう。ここでは、メールやビジネスなどでよく使われる略語をいくつか紹介しておきます。

☑		
☑	**AKA - also known as**	別名…
☑	**AOB -** **Any other business**	その他の議題
☑	**ASAP -** **as soon as possible**	できる限り早く
☑	**BTW - by the way**	ちなみに
☑	**CV - curriculum vitae**	学歴と職歴の要約
☑	**EOD - End of day**	一日の終わり
☑	**FYI -** **for your information**	ご参考まで
☑	**F2F - Face to Face**	面と向かって
☑	**JD - Job description**	職務内容の規定書
☑	**LOL - laugh out loud**	爆笑（カジュアルなメールのやり取りが出てきます）
☑	**NDA - non-disclosure** **agreement**	守秘義務契約書
☑	**NSFW - not** **suitable/safe for work**	職場閲覧不適切
☑	**OMG - Oh my god**	うわー、ウソでしょ
☑	**OoO - Out of office**	外出中

PART
1
2
3
4
5

シチュエーション別　使える英語

135

☑	**PLS - please**	どうぞ
☑	**PO - Purchase order**	発注書
☑	**RSVP - repondez s'il vous plait**	お返事お願いします
☑	**SOW - scope of work**	業務範囲
☑	**THX - thanks**	ありがとう
☑	**WFH - Work from home**	在宅ワーク
☑	**WIP - Work in progress**	プロセス中の作業
☑	**1K**	1000
☑	**1MM**	100万

KEY Points

› 電話会議での英語は、そもそも難しいものだということを理解して用意周到に臨むべき。

› どうしても自信のないときには先に資料を送ってもらって事前に目を通すなどの工夫が必要。

SECTION

6 | スピーチ

　海外で仕事を続けていると、ある時 TED などのように英語でスピーチをする機会に行き着くこともあると思います。私もこれまで何回か、広告業界の国際的な集まりで英語のスピーチをしたことがあります。何度か舞台に立つ過程で、いくつかの成功のポイントがあることが自分なりにわかりましたので、参考までにシェアしたいと思います。

◢ 自分らしさを出す、なるべく読まない。

　これは、とても難しいと思うのですが、まず大切にしたいことは「手元の紙を読まない」ということです。どんなに英語の発音がいい人でも、読んでいる文章は不思議と聞き手に伝わっていかないものです。完璧な難しい英語ではなくてもいいのです。60 〜 80 パーセントの英語で構わないので、自分らしさを出して、手元のメモを読まずに、本当に自分の伝えたいことを伝える、ということが大事です。無理をしてカッコ良さを出すよりも、自分らしさを出す方が、聴衆からの拍手はもらいやすいものです。

◢ テイクアウェイを考える

　いいスピーチには、必ずテイクアウェイ（take away）があります。テイクアウェイとは、文字通り、参加者が持ち帰れるものです。「今日はいい話を聞いたな」「今日の話からこれを持ち帰ろう」と思われるポイントを明確にしておくとうまくいくと思います。よく、3 つのポイントなどにまとめることも多い

と思いますが、それも持ち帰りやすくするための工夫です。

■「自分の一番伝えたいこと」をエネルギーレベル高く伝える

　最後は、思いの部分になります。なぜ、自分はそのスピーチをするのか、ということを深く考えましょう。人に頼まれたから、ではなくて、聴衆に対して、「自分が一番何を伝えたいのか」ということを考えましょう。せっかく話すのですから、一人でもいいので、自分の思いが伝わったらうれしいですよね？成功するスピーチには、個人的な思いが強く反映されていると思います。「自分が一番伝えたいことは何か」ということを明らかにすれば、あとはそこに向けたストーリー作りです。また、抑揚をつけて、伝えたいことを熱く伝える。大事なところはエネルギーレベルを上げて話すことも英語スピーチにおいてはとても重要です。

KEY Points

> スピーチで自分が一番伝えたいことは何か、ということをまずは自問自答して明らかにする。

> 原稿を読み上げるスタイルだと急激に参加者の集中度が下がるので、なるべく自分の言葉でスピーチをする。

SECTION

7 | マーケティング施策や クリエイティブの評価

PART

1

2

3

4

5

シチュエーション別　使える英語

　読者の方の中には、マーケティングプランや、広告コミュニケーション施策、あるいはクリエイティブについて、議論をしたり、評価をしたりする必要のある方も多いと思います。そこで、ここでは、実際によくある評価の伝え方について、例文を通じてご紹介します。マーケティングプランの優劣などを社内外で議論をされる際に、参考にして下さい。

◢ 良い評価をするとき

　クリエイティブやマーケティング施策を発表してもらって、それに対するコメントを求められたときにどのようにコメントしますか？まずは、よい評価をするときの英語からいくつかの例文を紹介します。

1 | とてもクールなアイデアで、＊＊＊をマーケティングするのに全く異なった考え方です。純粋に戦略的に見て、これはとても賢く、とてもクリエイティブな戦略です。

It's a cool idea and a really different way of thinking about marketing ***. Looking at it purely from a strategic sense, it's a really clever and very creative strategy.

2 | この案は、どうやってクリエイティビティを使って人の認識を変えて、行動に影響を与えられるかということを実証しています。

This idea demonstrates how we use creativity to change perception and influence behavior.

139

3 | これは、強いブランド構築をして、非常に強いビジネス成果を達成した非常に強いケースです。

This is a very strong case of strong brand-building that achieved a very strong business result.

4 | 全体としてとても強いキャンペーンです。ブランドと消費者の間の強いつながりをつくることができました。

Overall it's a strong campaign. It made a great bridge between the brand and the consumer.

5 | アイデアを良くするための音楽の使い方も好きです。オーディエンスにとってとても関連性が高いです。

I like the way they use music to help feed the idea. It's very relevant to its audience.

6 | これは、瞬間を完璧に捉えています。

This captures the moment perfectly.

7 | これは、いくつかの異なるレベルにおいて戦略的に賢いです。

This is strategically smart on a lot of different levels.

8 | 素晴らしいアイディアです。たくさんのバズ（口コミ／話題）を生み出しました。

It's a fabulous idea. It created a lot of buzz.

9 | これはとても革新的で、完全に自分たちのコンフォートゾーン（快適域）の外にあるものを提供して、非常に込み合っている市場で彼らのブランドを差別化することができました。

It was very innovative and they delivered something that's totally out of their comfort zone to help differentiate their brand in this very crowded market.

10 | とても良いインサイト（洞察）、とても良いエクセキューショ
　　ン（実行）、そして、良い成果が強く証明されています。

**Great insight, good execution and strong evidence
of results.**

11 | これはとてもパワフルな作品（仕事）です。

This is a very powerful piece of work.

12 | 戦略は満点。エクセキューション（実行）も満点です。

Full marks on strategy, full marks on execution.

◪ 悪い評価をするとき

　悪い評価をするのは簡単ではありません。しかし、ビジネス
英語においては課題を的確に指摘することが大事になります。
改善が必要と思われるポイントを明確にして、適切に相手に評
価を伝えましょう。

1 | とてもいいアイデアですが、どのくらい効果があるか分かりま
　　せん。

**It's a lovely idea, but I'm not sure how effective it
is.**

2 | 戦略にややギャップが感じられます。

There's a bit of a gap in the strategy.

3 | メッセージが私には響きませんでした。

The message didn't resonate with me.

4 | これは、後から正当化しようとした（こじつけの）ように感じます。

I feel like this is 'post-rationalized'.

5 | これには我々のブランドにとってユニークなことが何もありません。

There is nothing unique to our brand in this.

6 | 私が、「ワォ」って感じるような革新的なものをこの提案では、何も感じませんでした。

I just didn't really see anything innovative in this proposal that made me go, 'wow.'

7 | これにはあまり戦略が見られません。

I just don't see much of a strategy here.

8 | クリエイティブな視点で、オリジナリティがなかったです。

From a creative point of view, it lacked originality.

9 | 全体としていいのですが、もっと良くなると感じました。

Overall it's good but it could have been even better.

10 | 戦略の部分で悩みました。興味深いし、面白いし、でも戦略はどこに行ったのでしょうか？

I struggled with the strategy. It's interesting, it's funny, but where is the strategy?

KEY Points

> クリエイティブや、マーケティング施策を評価するのは複雑な
> ため、英語表現もなかなか難しい。

> 良い評価や悪い評価に関するいくつかのバリエーションの英
> 語を覚えておけば、ビジネス現場で意見を聞かれたときに自
> 信をもって使える。

COLUMN

グローバル会議への出席や海外賞の審査員になった場合

仕事をしている中で、海外(あるいは日本)でのグローバル
会議に出席することもあると思います。それは、社内のグ
ループのグローバル会議もあれば、業界全体の会議もあると
思います。また、場合によっては、業界の賞を与える国際的
な賞の審査員を務めることもあるでしょう。広告業界で言え
ば、カンヌ国際クリエイティブ祭やエフィー賞などといった
ものに当たります。そういった場に出る際には、どのような
ことに気を付ければよいのでしょうか? 簡単に3つポイン
トを列挙します。

1. 認知されて、認められること
まず、あなたがその場に参加していることを認知されないと
いけません。自己紹介や、質問などで、自分のことを印象付
ける必要があります。個人的には、最初の自己紹介が大事で
す。自己紹介のページでも説明したように、ただ名前とポジ
ションを言うだけでなく、自分がどのような大事な仕事をし
てきて、この会議の場にどのように貢献できそうな人なのか

PART

1

2

3

4

5

シチュエーション別 使える英語

143

をアピールする必要があります。基本的には、こういう会議
はアピールの場でもあります。決して控えめにして終わらな
いようにしましょう。控えめにしているのは、存在していな
いことと同じと思われてしまいます。特に日本人はあまり話
さないと思われていますので、冒頭の自己紹介から印象付け
られるとそれだけでもプラスの評価が得られるでしょう。

●例えばこういう英語で……

Hi. I'm Tomohiko Tanaka and I'm from the Tokyo office.

こんにちは。東京オフィスの田中です。

I lead the product development team.

商品開発チームの責任者をしています。

As you know this year our new product became a big hit.

皆様ご存じのように私たちの開発した新商品は大ヒットしま
した。

Today I'd like to share the secret behind the success with
everyone.

本日はその成功の裏の秘密を皆様にシェアしたいと思います。

2. 貢献する姿勢を示すこと

次に、大事なのは、その会議自体に貢献するという姿勢です。
会議はただ集まるだけではなくて、その会議の目的があると
思います。そこに対して、自分なりの視点や知見で会議に来
た人たちに貢献するための努力をするということです。特に、
日本を代表して、「日本ではどのようなことが起きているの
か」「日本で起きている先進的な事例はないか」など、他の参
加者にとって有意義な情報がないだろうかと事前に用意して

おくことが大事だと思います。会議自体に貢献している人というのは、どのような会議であってもとても高く評価されます。

● 例えばこういう英語で……
Let me share an interesting trend from Japan.
日本から興味深いトレンドを紹介させてください。

3. 参加者と交流すること
最後に大事なのは、参加者としっかりと交流することです。色々な国から多様な国籍の人が集まるのがグローバル会議です。その時に、「他の市場は関係ない」と思うのか、それとも、「何かしら自分が学べることがあるのではないか」と考えて会話するのとでは、おのずとその後の広がりも異なってきます。参加者全員と仲良くならなくても、一人くらい友人ができるとその後もつながりが生まれてよいと思います。以前、とある国際賞の審査を一緒にした日本人の方は、仕事が忙しいことを理由に審査後のパーティーに参加せずに部屋にこもって仕事をしていました。もちろんそういった緊急な仕事もあるかもしれませんが、せっかくの交流の機会を失って残念だなと他国の審査員たちとも話していました。世界は広いようで、案外狭いものです。その場で知り合った人と思いがけないことで一緒に仕事をすることもあったりします。あまり打算的になり過ぎずに、会議や休憩時間、パーティーなどで隣に座った人と積極的にコミュニケーションを取ってみてはいかがでしょうか。世界を広くするのも、狭くするのも自分次第です。

●例えばこういう英語で……

Hi, this is Ken from Tokyo. Where are you from?

こんにちは。東京から来た健です。あなたはどちらからいら
したのですか。

PART 4 KEY Points

◪ 本章のまとめ

・自己紹介、プレゼン、会議、メール、電話会議など様々な
場面にふさわしい、世界で使われているシーン別の英語の
型があることをそれぞれ覚えておこう。

・すべての型を一気に覚えるのは難しいので、自分のビジネス
と関係のありそうな場面から中心に実施していくことが大事。

PART

5 | 無理なく続けられる
英語学習法

英語の学習方法は、たくさん時間をかければ必ずできるようになる
と言われています。例えば、通説的には語学学習に2000時間
かけるとある程度習得できるといわれています。マルコム・グラッ
ドウェル氏によると、何かの達人になるには1万時間かけなけれ
ばならないと言っています。上達のスピードは異なるかもしれませ
んが、勉強すればするほどできるようになるのは確かにその通りで
しょう。それは、ほとんどの英語学習者が頭では分かっていること
で、そうは言ってもなかなかできないのが現実です。この章では、
著者の学習法を含めた様々な英語学習法を紹介します。

SECTION

1 | 著者の英語学習法の考え方

　英語は上達したい。それには時間をかけて勉強しなくてはいけない。でもどうしてもモチベーションが続かず、脱落してしまったり、勉強を他のことの後回しにしてしまったりする。こういった自分の中での葛藤や矛盾は誰もが感じていることでしょう。私自身も英語の単語帳や参考書、あるいは問題集を何冊も購入してきましたが、なかなか最後までやり切れないタイプです。勉強しようと心の中では決意していても、やむにやまれぬ他の緊急の仕事や予期しない事情が入ってきてどうしても後回しにしてしまうことが多いでしょう。そういう中でも、なんとかここまで継続させてこられた秘訣はあるのかと聞かれたら、**私なりに語学学習のモチベーション継続法があった**と思います。自分にいかに興味持たせ続けて、楽しくやらせられるか？　いかにそのような環境をつくり続けられるか？　そのやり方は、人それぞれだと思いますが、以下の私のやり方もぜひ参考にしてみて下さい。

■ 「6割で進み続ける」

　一つ目は、6割くらい理解したら取りあえず進むということです。単語帳でも、問題集でも、徹底して完璧にやろうとすると、絶対に続かないと思います。もちろん意志が強くて完璧にできる人もいらっしゃるとは思いますが、私を含めて多くの方々はなかなかそうはいかないのではないでしょうか。前にも書きましたが、どんな書籍もページ数を満たすために、必ずしも必要のない単語やフレーズまで入っているように感じます。

「絶対に必要な単語やフレーズ」と同じ力の入れ具合で**「必要度の低い単語やフレーズ」まで勉強していたら、それこそ体力も気力も持ちません。**実は大事な単語やフレーズというものは、異なる書籍、人との会話、ビジネスでの会議、など何度となくいろんな局面で出てくるものです。したがって、同じ参考書など一つの所に引っ掛かり過ぎずに、基本的には大体やったなと思ったら、先に進む方が長続きするコツだと感じています。

　少し話が変わりますが、以前にマンツーマンで語学学習していた時に、自分の中で先生に同じ質問を「3回までは聞いてもいい」と決めていました。あるいは、同様に先生から同じ質問をされたときに「3回まではわからなくてもいい」と決めていました。どうしても、覚えられずに同じ質問を先生にしてしまうことはありますよね？　こういう時、不思議なのですが、答えはわからないのですが、これは前に聞いたな、というのは自分でなんとなく覚えているものなのですよね。

　同じ質問をしてしまったとき、同じ質問に答えられなかったとき、自分を責めるのではなくて、3回までは自分を許してみましょう。こうすると、気持ちが少し楽になります。そしてこのように考えていると、4回同じことを聞いたり、間違えたりしてはいけないから、2〜3回目になったら真剣に覚えよう、と考えるようになります。そこまでに2〜3回聞いているので、案外ここまで来ると簡単に覚えられるものです。この考え方のいいところは、**先生から2〜3回聞かれることは、そもそも使用頻度の高い覚えるべき英語である**ことが多いのですよね。このように、「前にも先生にこれ言われたなー」という瞬間を大事にしましょう。この瞬間をつかむことで、使用頻度の高い

大事な英語をしっかりと身に付けることができるはずです。

6割くらいで進む。3回までは間違えても（覚えてなくても）自分を許してあげる。 これくらい緩くやっていける方が、長続きして楽しめると思います。

◢ 先に「英語の時間」を入れる

もう一つは、時間の確保です。これはタイムマネジメントの本にもよく書かれていることですが、英語の勉強は、重要度は非常に高いものですが、緊急度はどちらかというと低いことが多いです（場合にもよりますが）。上達が感じられるためには時間がかかることも緊急度が低く感じてしまうことの一因かもしれません。だからこそ、往々にして緊急度の低い英語の勉強は、その後から発生する様々な案件に追いやられてしまって、後回しになってしまうことが多いでしょう。重要度は英語学習の方が高くても、緊急度の高くて重要度はそれほど高くない案件に英語学習は負けてしまうことが多いのだと思います。

一年の初めに決めて予定を入れてしまう

そこで、私は、一年の初めに、スケジュール帳に前もって語学学習の時間を入れてしまっています。例えば、毎週火曜日と木曜日の朝の始業時間前の1時間は英語の勉強をする。会議などのスケジュールと同じように、スケジュール帳に入れてしまうのです。昔は私も手帳を使っていましたので、先に毎週分のスケジュールを年初に記入していましたが、今ではOutlookやグーグルカレンダーを利用していますので、一回入れて「毎週繰り返す」と設定しておけば一気に自分のスケジュールの中に入ってきます。

英会話スクールに通う人も同じようなことだと思います。毎週火曜日と木曜日の夜は会社の後に英会話をするなどと、最初に決めてしまう。これは時間的にも経済的にも、**すべてに先んじて予定をコミットしてしまう**ということですよね。先にコミットしておき、それを前提として他の予定を組めると安定的に語学学習を進めていけるはずです。

通勤時間をうまく使う

毎朝の通勤時間でやることを決めておく。このような方は結構多いのではないでしょうか。電車の中で必ずポッドキャストを聞く。ニュースを聞く。英文の記事を読む。自分なりの決まりを作っている人は英語学習者にけっこう多いと思いますが、ルーティンを作り出すという意味では、とても大事なことです。そのスキマ時間で何を勉強すればいいのか？という疑問もあるかもしれませんが、他の英語学習者の取り組んでいることは無数にあります。本章の後半にそれらをいくつかご紹介しますので、参考にしてみて下さい。

まとまった時間を自分で作り出す

スキマ時間ではなくて、思い切ってまとまった時間を作りだしてその時間を語学学習に充てる人も結構います。なかなか簡単なことではないかもしれませんが、以下のような手法も一つのオプションとして頭の片隅に置いておくことも大事かもしれません。

会社を辞めずに留学

ある知人は、会社を1年休職してロンドンに語学研修に

行きました。会社の理解があるかどうかは職場によるでしょう
し、かなりの投資も必要になると思いますが、思い切ってある
程度のまとまった期間を語学学習に充ててみるというのも一つ
の選択肢です。会社によっては、大学院やMBAなどへの留
学制度がある場合もありますが、そのような研修制度に手を挙
げてみることも自分の語学スキルを高める上での一つの方法で
す。会社にもよると思いますが、毎年人事からのアンケートが
ある会社もあるでしょう。その中で、まずは「意思表示する」
ということも大事ですよね。思っていることがあっても、意思
表示しないとなかなか理解してもらえませんし、もしかしたら
得られたかもしれない機会を逃しているかもしれません。希望
があったら、積極的に意思表示することをお勧めします。

　かくいう私も会社の研修制度を活用して中国上海にて2年
ほどのメディア研究と語学学習を中心とした研修をさせてもら
いました。仕事を離れて思いっ切り勉強できる環境は本当に新
鮮で、中国語に関しても一気に上達した人生の中でも大変貴重
な経験でした。したがって、もし語学を真剣に伸ばしたいと考
えていて、留学も検討しているのであれば、私は是非お勧めし
たいと思います。

転職時も一つのチャンス

　ある男性は、転職をする際に、新天地で働き始める前の1
か月の時間を取って、イギリスにホームステイして語学を学び
ました。この人は、38歳で転職をすることになり、前の会社
を辞めて、新しい会社にて働きだす前に何とか頑張って1か
月の時間をつくって、イギリスに語学留学したとのことです。

　私も転職の経験がありますが、転職する際には転職先の会社

から「今すぐにでも早く入ってほしい」とプレッシャーをかけられることが多いです。それは人手が足りていないから中途社員を探しているので、当然のことですよね。ただ、自分の経験からも実際に会社に入ってみると、そこまで急ぐ必要もなかったかなと思ったりもするのですが、新会社での心象も良くしたいので、難しいところです。そういった中、次に紹介する彼のように留学するために1か月の時間を作り出すためには、それなりの強い意思が必要でしょう。

INTERVIEW 3

英語学習者インタビュー③

　私はもともと上海勤務が長く、現地ではプレゼンや質疑応答も中国語で行ってきました。ただ英語については、1週間程度の語学留学をしたこともありましたが、それほど上達には結び付きませんでした。

　英語を勉強するきっかけになったのは、転職です。日本に帰るのをきっかけに、英語力を伸ばして自分のキャリアに活かそうと考えました。そこで新しい職場に入る前の期間を使って、イギリスに短期留学をすることにしました。留学先をイギリスに決めた理由は、アジア人の英語よりも欧米人の英語の方が聞き取りづらいと感じていたためです。

　私が行った語学学校は、仕事で英語を必要としている人のための少人数制のクラスでした。このクラスは、先生が英語の記事を配って、それをベースに会議のようにディスカッションを進めるスタイルでした。

そこで様々な刺激を受け、TOEIC の点数も 850 点まで上がりましたが、ビジネスでいうと会議において自分の意見をみんなの前で言うにはまだ恥ずかしいレベルです。そういった場では、ブロークンイングリッシュになってしまいます。語学学習には終わりがないことを痛感しています。

広告代理店勤務　Sさん

伸びていないと悩む時こそ伸びている時

英語の勉強をしていて、例えば英会話スクールに入ったとして、最初のうちは成長を感じやすいと思います。今までよりも先生の言っていることが分かるし、次第に言いたいことが言えるようになってくるのが実感できます。

しかし、ある段階になると、大体先生の言っていることもわかるし、自分の表現したいことも言えるんだけれど、その段階からさらに上の段階にどうやったら行けるのか、次のレベルに抜け出す道が全く見えない、そんな時が来ると思います。ある程度できるようになっても、さらに上に行くためには果てしないスキルを身に付けないとならないような気がする。語学学習のこのステージがとても精神的にきついですよね。あくまでもイメージですが、語学学習において、勉強時間に比例してずっと順調に英語の実力が安定的に伸びていくということはありません。どうやっても、**どんな人でも、この伸び悩みの「踊り場」ステージが必ずやって来ます。**

この「心理的な踊り場ステージ」をどう過ごすのかがとても大事です。多くの英語学習者の話を聞いていて、また自分自身

の英語と中国語の学習経験からも考えるに、この踊り場ステージの過ごし方が、その後の語学習得の伸びに非常に関係してくると思います。このステージを突破できるのか、それとも諦めてしまうのか。ここが大きな差がつくポイントです。というのも、**実は踊り場を感じている時こそ、一番伸びている時**だからです。気持ち的にはとてもつらいステージだとは思いますが、ここでやめないで続けることで、あるときその踊り場ステージを脱していることを感じる時が来ます。英語のレベルというのは短期間で急にできるようなものではないとは思います。だから、モチベーションや飽きとの闘いもあると思います。

　飽きとの闘いになったら、学習方法を少し変えてみるというのも有効です。英語の勉強を続けているのであれば、どんな勉強法でもいいと思います。例えるならば、自分の脳を「楽しい」とだまし続ける、そんな感覚で、今までやっていなかった学習法を導入してもいいと思います。気分転換になるのもそうなのですが、学習方法を変えることで新しい学びがあることもあります。山を登るアタックルートを少し変えてみることで、突破できなかった箇所が意外と容易に乗り越えられることもあります。ポイントは、英語を勉強し続けていることの方が重要で、一つの手法に固執することはないということです。

　今回、多くの英語学習者にアンケートや取材をした結果、様々な学習方法が明らかになりましたので、そちらも記しておきたいと思います。読者の方によっては知っているものもあれば、初耳のものもあるでしょう。ぜひ皆様が興味を持った手法を導入してみて下さい。

KEY Points

> 語学学習のポイントは、いかにモチベーションを継続させる
かということ。
> 続けるためには、無理せず6割くらいで緩く続けるのがコツ。
> すべてに先んじて、英語学習の時間を先に入れてしまおう。
> 伸び悩んでいると感じているときこそ、続けることで一気に伸
びる。

SECTION

2 | スマホアプリの活用

　最近では、ほとんど誰もがスマホを持っていると思います。
かつてはなかったこのデバイスは、英語学習にとっては大きな
プラスです。いろいろと英語学習者にインタビューをしても、
スマホを使っての通勤などの隙間時間に英語の勉強をしている
人はとても多いです。その際にどのアプリを使っているのかは
人それぞれですが、ニーズや学習の好みに合わせて様々なアプ
リがありますので、その一部から私も使ってみてお薦めできる
ものをご紹介したいと思います。

ハフィントンポスト

　このニュースメディアのアプリは、私も昔から使っていま
す。ポイントは、この**アプリの設定自体をアメリカやイギリス
にしておくこと**です。言語は文化の一部なので、例えばアメリ
カ版のハフィントンポストを見ると、毎朝の見出しを眺めて見

ているだけでも今アメリカでは何が話題になっていて、アメリカ人はどのようなことに興味を持っているのかが感じられます。当然ですが、国が違うのでアメリカ版とイギリス版では全く取り扱う内容が異なります。筆者は、かつてはアメリカ版を読んでいましたが、最近では上司を含めて社内にイギリス人が増えてきたので、イギリス版に設定し直して英語の記事を読みながらイギリスのことを学んでいます。ニュースでは自分の関心事項だけではない幅広いテーマが取り扱われますので、そのあたりの記事を読むことで、様々なテーマでの会話に対応できる単語力を付けることができると思います。

バイリンガルニュース（ポッドキャスト）

今回、多くの方に英語勉強について取材しところ、iTunesの無料ポッドキャストの「バイリンガルニュース」を聞かれている方がたくさんいらっしゃいました。このポッドキャストの内容ですが、バイリンガルなマイケルさんとマミさんが、毎週面白いニュースを日本語と英語で数本紹介してくれるものです。両方の言語を交えながら、テンポ良く、台本なしで、リアルな日英会話を配信されています。

自分の中での幅広い話題に対応する単語力やフレーズを身に付けるのに良いと思いますし、紹介でも「ゆるーく無料配信」と書かれているように、とっても気軽に自然体で楽しく聞けるコンテンツです。ピックアップする話題が毎回いくつかあるのですが、有名なものから、聞いたことのないような少し変わったテーマまで取り上げられていて、飽きることがありません。2013年5月からスタートして、すでに4年間、300回近く配信されている日本の英語学習者の中では有名なコンテンツです。

This American Life(ポッドキャスト)

　こちらはアメリカ国内で非常に人気のあるポッドキャストです。基本的にはアメリカ人向けのコンテンツで、アメリカ人の日常生活に関連したテーマで、取材などを元に、生声も交えながらドキュメンタリー風に紹介しています。取り扱うテーマは多岐にわたっていて、例えば、過去のテーマには「自動車ディーラーセールスマンの実態」「失恋」「偶然一致のストーリー」などがあります。実際に、アメリカ各地の市民に密着してリアルインタビューをしているので、その音声が随時紹介されることもあり、リアルなアメリカ人の地域別のアクセント付きのアメリカ英語を体感することもできます。番組サイトにて発言の原稿も見られるので勉強になります。ただし、日本語の解説もないので、少しレベルは高くなると思いますが、上級者にとっては、様々な言い回しなどを学ぶことのできるいい教材になります。

POLYGLOTS(アプリ)

　このアプリは、中級の英語学習者から教えてもらった英語学習者向けに作られている記事サイトです。

　まず、自分の興味関心のあるカテゴリーを設定すると、その関連記事が並びます。記事を読む際には、自分のペースで読むか、ペースメーカーのスピードで読むかを選択できます。リーディングのスピードを上げていきたい人には、そのペースが測れるのが良いところです。記事中にわからない単語があれば、その単語をクリックするだけで、意味が日本語で表示されます。良くできていることに、その調べた単語は、単語帳のよう

にストックされていきます。その自分がかつて調べた単語は、単語帳機能や、テスト機能などで復習することができます。これは、自分のわからなかったことを流さずに、しっかりとストックしつつ学ぶことができるのでとてもいいですね。また、記事を読んだ後には、自分がどのくらいのスピードで読んでいたのか、1分当たりの文字数で表示して記録してくれます。継続的に読んでいくことで、自分のリーディングスピードがわかります。もちろん記事の見出しのところには、その記事の英語的難易度についても表示されています。

また、記事によっては、読み上げ機能もありますので、まずはリスニングだけを試して、その後リーディングするというやり方も取ることができます。このあたりまでは、無料版だけでも十分利用できますので、ぜひ試してみてください。記事はすべて最新のものなので、関心のある情報を得ることもできるし、英語も勉強できるので一石二鳥です。

英文添削アイディー　IDIY

こちらは主にライティングのスキル向上に特化したサービスです。課題に応じて自分が提出した英文をネイティブ講師などが添削して数日以内に戻してくれるというサービスです。もちろん、自分の仕事で書いた文章（持ち込み英文）などを添削してもらうことも可能です。課題については、日記課題、日替わり英作文課題、自由英作文課題、和文英訳課題、写真描写課題など様々なパターンがあるので、自分の用途に応じて取り組むことができます。

実際に私も日替わり英作文課題をやってみました。課題は、「外国人技能実習制度について」でした。なかなか難しいテーマ

ですが、ライティングスキルの上達には役立つ感触を得ました。

KEY Points

> 海外のニュースアプリを、欧米の設定にしておくことで、英語
> だけでなくその国のニュースや文化を学ぶこともできる。
> 上級者は、アメリカやイギリスでも人気のコンテンツを直接聞
> いてみるのも勉強になる。
> 語学学習アプリは今後も増加していくので、常に最新の動向
> をウォッチすると良い。

SECTION

3 | リアルな学びの機会

◢ 英会話カフェ・英語クラブ

　非常に格安で、英語を話したい人たちが集まって英語を話す
集まりは、あちらこちらで実施されています。私も実際に体験
してみましたが、英語を勉強している者同士で集まることで、
英語を話す機会が提供されるだけでなく、いい刺激も得られる
機会になります。

　私が参加した英語クラブがどのような形だったのか、簡単に
紹介します。話すテーマは、毎回変わっていくと思いますが、
あくまでもイメージをつかむために参考にしてみて下さい。

・現地に到着したら、500円を払い、指定されたグループ別
　に席に着きます。

・19時〜19時15分：Warm Up

　3〜4人で1グループになり、英語で「今ハマっていること」を各自1分間グループ内でスピーチします。レベルは様々で、本当の初級者の人は1つのグループにされて、先生が指導していました。

・19時15分〜20時15分：Group Discussion

　続いて1時間ほど、また3〜4人のグループで話しました。各自が自己紹介をして「英語の勉強方法」について話し合いました。同じグループにいた男性は、CNN English Express を定期購読していて、その付録の音声教材を聞きながらシャドーイングをしていると紹介してくれました。こういうところに参加される方はとても熱心ですので、他の参加者の取り組みについて学ぶことができるのがいい刺激になるのではないかと思います。

・20時15分〜20時40分：One-on-One

　最後は、二人組に分けられて、1対1でトークする時間でした。この時のテーマは、「最近買った高価なもの」でした。私の相手をしてくれた人は、英語中級レベルでしたが、一生懸命最近買ったものについて説明してくれました。25分くらいの時間はアッという間にたってしまいます。

　全体の様子としては、指導役のモデレーターさんが議論のテーマなどを設定してくれて、タイムキーピングもしてくれるので、非常にスムーズな進行でした。また、常連さんが一定数いるので、とても慣れていらっしゃって、進行などについても

親切に教えてくれていました。

このような英語クラブは、やはり皆さん英語を上達したいという共通目標を持っているので、とても話が弾みやすいです。英単語が出てこないときにも他の人が助け舟を出したり、教え合ったり、和気あいあいとした雰囲気でした。

KEY Points

> 英語を学べるリアルな場は、想像以上にたくさんあるので、自分に合うものを組み合わせてみるべき。
> リアルな場では、他の受講生から刺激を受けられることも一つのメリットである。

COLUMN

外資系企業社員の英語勉強法

ここでは、外資系企業の英語学習者が、実際に実施している英語勉強法を紹介します。上記で紹介したものもありますが、ご覧になって分かる通り、英語の勉強になる教材は無数にあります。ぜひ自分が興味を持てるものを見つけて、取り組んでみて下さい。(☆は著者のおすすめです)

ポッドキャスト：Serial
ポッドキャスト：バイリンガルニュース☆
ポッドキャスト：Voice of America (VOA) Learning English
ポッドキャスト：World news tonight with David Muir
ポッドキャスト：This American Life ☆
英会話：ベルリッツ
英会話：Gaba

英会話：シェーン

英会話：NCC 綜合英語学院（スパルタ式）

ビジネス英語：EMC ビジネス英語講座☆

オンライン英会話：Rarejob

オンライン英会話：DMM 英会話

オンライン英会話：Langrich

オンライン英会話：Bizmates で話す練習（ビジネス向け）

ビジネススクール：グロービス経営大学院 英語オンライン MBA

文章添削サイト：ラングエイト

文章添削サイト：IDIY アイディー☆

文章課題：Fruitful English

書籍：どんどん話すための瞬間英作文トレーニング (CD BOOK)

アプリ：NHK ワールド

アプリ：News on Japan（英語ニュース）

アプリ：TOEFL のアプリ

アプリ：アルクのアプリ

アプリ：ネット放送 AFN Tokyo

アプリ：POLYGLOTS ☆

アプリ：Aco で英語を学びます（人工知能とチャット）

アプリ：Mikan（英単語）

留学：フィリピン 1 週間留学

テレビ：NHK ニュース、副音声で英語に

テレビ：スーパープレゼンテーション（NHK Eテレ）

テレビ：しごとの基礎英語（NHK Eテレ）

テレビ：アメリカドラマ、映画を見る

テレビ：NETFLIX で映画を字幕なしで見る

ネット：TED 動画（字幕なし、字幕あり）

映画：好きな映画の音だけを聞く

聞く：英語教材 DUO を通勤中に聞く

聞く：BBC、NHK ワールドのシャドーイング

読む：LA Times の記事を Facebook で読む

読む：オンライン英会話のサイトの Daily News を毎日読む

読む：昔使っていた参考書

読む：英語原著の小説・コミック

ソーシャル：Facebook の英語コミュニティの記事を読む

ソーシャル：Youtube の英語学習アカウントをフォロー☆

ソーシャル：インスタグラムの投稿を日・英で行う

その他：コンタクトレポートを日英で作成し、翻訳チームに添削してもらう

その他：社内メールなどから使えそうな表現をストックする

その他：ホストファミリーになる

その他：外国人とお酒を飲む

その他：英会話カフェ☆

その他：カランメソッド（徹底的に反復するよう設計された特訓式の英語学習法）

その他：Vital Japan（日本最大の英語コミュニティー）☆

※ 2018 年 1 月現在

PART 5 KEY Points

◪ 本章のまとめ

- ニーズや志向も人それぞれなので、唯一のベストの勉強法というものはない。

- たくさんの勉強法と機会があることを理解して、自分に合うものを試し続けることが大事。

- 学習にかけた総時間も関係するので、長く走り続けるマラソンのように無理せずに長続きする取り組み方を意識する。

COLUMN

EMC ビジネス英語講座について

ビジネス英語の講座は増えていますが、マーケティングに特化した講座というのはまだまだ多くありません。宣伝会議が開催している EMC ビジネス英語講座は、実務で使う英語を学ぶための 15 週間全 15 回の短期集中プログラムです。

この講座では講師とのインタラクティブ性を重視するために、ワークショップ形式で講義を行い、人数も 25 人以内と制限しています。本書をここまでお読みいただき、さらにビジネス英語を本格的に学びたいと思われた方は、ぜひご参加ください。著者も講師の一人としてお待ちしております。

おわりに

　数ある英語関連書籍の中から本書をお買い上げ頂きまして誠にありがとうございました。英語に関して少しでも皆様のお役に立てることがあったら幸いです。

　この数年間、様々なところで英語を教える機会が増えました。私が現在勤めている外資系広告会社であるマッキャンの社内での英語研修講師に始まり、宣伝会議のマーケティング英語講座の講師も務めていますが、そこで触れた英語学習者のパッションにもっと応えたいという気持ちがこの書籍を執筆しようと思った最初のきっかけでした。

　「コンフィデントスピーカーという考え方で自分の進むべき道がよくわかりました」とフィードバックをもらったときには、本当にうれしかったし、もっと自分にできることがあるのではないかと思わされました。授業の後には、たくさんの受講生から、多くの質問を受け、皆様の日々の悩みや課題も多く感じ取りました。私は、マーケティング戦略やブランド戦略に関する授業を大学やセミナーなどで実施することが多いのですが、そういった講義と比べても、英語学習者のパッションが本当にすごい、というのが最初の驚きでした。

　執筆に当たっては、マッキャンの社員や私の授業の受講生にもたくさんヒアリングさせて頂きました。また、幅広い英語学

習者の話を聞くために毎回500円を払って英語学習者同士で学び合うような「英語クラブ」にも参加しました。どの人の声を聞いても、英語学習者の情熱や、日々の努力や取り組みはすごく、自分自身も刺激を受けました。そういった英語学習者の方々を含めた「ビジネスで英語を話したい！」と思われるすべての方々にとって、何かしらの参考になったら幸いです。きっと皆様の強いパッションに対して1冊だけで応え切ることは不可能かもしれませんが、今後も機会のある度にその努力を続けていきたいと思っています。

　文中にも書きましたが、確かに英語は時間をかければかけるほどできるようになるものでもありますが、そう簡単には続かないのが語学学習の真実でもあります。しかし、ビジネスの現場で英語が必要となってきていることに直面しているビジネスパーソンにとって、何かしらお役に立てることがないか、特に、自信を持って英語を話すための考え方とすぐに使える単語とフレーズの両方をバランス良くカバーすることができないだろうか、というところに一番の力を注ぎました。

　英語の道は奥深いもので、著者自身もまだまだその道を日々探求しているところです。したがって、この本だけでは足りないことがあるのは当然のことです。ネイティブレベルに近いところを目指したいならばなおさらのことです。
　英語が母語ではない日本人にとっては、英語というのは終わりのない道です。
　私も勉強を続けていますが、皆様の道のりも素敵なものになりますように、お祈りしています。

最後に、本書執筆・出版にあたってお世話になりましたすべての方々に感謝を申し上げます。特に、快く英語のネイティブチェックをしてくださったカレン・チャンさん、音声教材にご協力して下さった出口莉奈さん、時間のかかった執筆に対しても根気強く熱心に編集して下さいました同志と言っても過言ではない宣伝会議の中川喜貴さん、栗村卓生さん、そして、休みの日の執筆を応援してくれた家族のみんなに感謝します。Thank you.

読者の皆様の世界でのご活躍をお祈りして
松浦良高

厳選ビジネス英単語100

こちらにはマーケティングに関する単語をまとめました。私が実際に業務でよく使っている単語を厳選して載せています。それぞれに関連する例文もつけました。もちろんこれですべてがカバーできるとは思えませんが、英語でビジネスをする際のキーワードをある程度網羅しているつもりです。コンフィデントスピーカーになるためにも、ここに挙げられている単語とその用法はしっかり覚えておきたいところです。

厳選ビジネス英単語を覚え、その文例のようにある程度自由にコントロールできるようになれば、あなたはコンフィデントスピーカーとしてやっていく免許を取ったとも言えます。そこまで行けば、あとは、本当に自信を持って実践していくことがさらなる自信につながっていくでしょう。

☑
achieve

達成する

例文 How have modern brands such as Amazon, Apple & Google achieved brand growth?

訳 アマゾン、アップルやグーグルのような現代的なブランドは、どのようにしてブランド成長を達成したのか?

☑
acquire

獲得する、買収する

例文 Brand EEE announced that it had acquired a Paris based prestige fragrance brand.

訳 ブランド EEE は、パリを拠点とするプレステージ・フレグランスブランドを買収したと発表した。

☑
advertising

広告

例文 Digital technology has completely changed advertising.

訳 デジタル技術は、広告を完全に変えた。

▶ 広告主は、advertiser という。

☑
after sales service

アフターサービス

例文 After sales service is a crucial aspect of sales management.

訳 アフターサービスは販売管理の重要な一面です。

▶ 英語では、after service では、意味が通じないので注意。

☑
analyze

分析する

例文 We should analyze brand positioning and business performance together.

訳 ブランドポジショニングと業績を一緒に分析するべきです。

☑
approve

認める

例文 How do I get my project approved?

訳 私のプロジェクトはどうしたら承認もらえるのでしょうか。

☑
brand value

ブランド価値

例文 Brand value of ZZZ surpassed NNN as the highest valued apparel brand.

訳 ZZZ のブランド価値は、NNN を上回り、最もブランド価値の高いアパレルブランドになりました。

☑
brick-and-mortar (store)

物理的な小売り店

例文 Brick and mortar businesses can find it difficult to compete with web-based businesses like Amazon.

訳 店舗販売のビジネスは、アマゾンなどのウェブベースのビジネスとの競争に困難を感じています。

▶ ネット販売との比較で使われる言葉。本当にレンガとモルタルでできたお店のことではない。

☑
budget

予算

例文 In 2018, the average firm is expected to allocate 41% of their marketing budget to online.

訳 2018 年において平均的な企業はマーケティング予算の 41％をオンラインに配分すると予想されています。

☑
call-to-action

行動喚起、行動を誘引するもの

例文 There's no such thing as a successful marketing campaign unless there is a successful call-to-action.

訳 成功する行動喚起がない限り、成功するマーケティングキャンペーンはあり得ません。

▶ 略して CTA とも書かれる。

channel

チャネル、経路、ルート

例文 Distribution channels in marketing are a key element of your entire marketing strategy.

訳 マーケティングにおける流通チャネルは、マーケティング戦略全体の重要な要素です。

charge

請求する

例文 One of the most challenging decisions freelancers face is how much to charge for their time and expertise.

訳 フリーランサーが直面する最も困難な決定の一つは、自分の時間と専門知識をいくらで請求するかということです。

circulation

発行部数

例文 Yomiuri Shimbun is the newspaper with the largest circulation in the world.

訳 読売新聞は発行部数が世界最大の新聞です。

common

共通の、普通の

例文 Unplanned purchases are very common for FMCG products.

訳 非計画購買は FMCG（日用消費財）商品にとって非常に一般的です。

▶ FMCG は、fast-moving consumer goods の略。

competitor

競合会社、競争相手

例文 Growing your business without understanding your competitors is risky.

訳 あなたの競合相手を理解することなくビジネスを成長させることは危険です。

content

内容、中身、要旨

例文 Content is king, but context is queen.

訳 コンテンツは王様ですが、コンテキスト（文脈）は女王様です。

▶ ネット時代、コンテンツが大事と言われてきたが、それと同様にどこにどのようなコンテンツを出すべきかというコンテキスト（文脈）も同じくらい大事になっている。

contract

契約、契約書

例文 When the contract is signed, it generally cannot be changed unless both parties agree.

訳 契約書に署名がされたら、一般的に、両当事者が同意しない限り変更することはできません。

contribute

貢献する

例文 We need to know more about how business can contribute to the society.

訳 ビジネスが社会にどのように貢献できるかについてもっと知る必要があります。

conventional

社会的慣習による、型にはまった、個性のない

例文 Do not be constrained by conventional ideas.

訳 型にはまった考え方にとらわれるのはやめよう。

▶ どちらかというと否定的な時に使える言葉。「That's conventional.（それはありきたりだ。）」だけでも使える。

corporate identity

コーポレートアイデンティティー、CI

例文 Our corporate identity was implemented internationally in 2015.

訳 当社のコーポレートアイデンティティーは、2015 年に国際的に実行されました。

☑
criteria

基準、標準

例文 On basis of what criteria will you target your customers?

訳 どの基準に基づいて顧客をターゲットしますか?

▶ ターゲットの基準は、地理的（geographic）、人口統計的（demographic）、心理的（psychographic）など様々なものがある。

☑
data analytics/
data analysis

データ解析

例文 Data analytics is now becoming more accessible to everyone.

訳 データアナリティクス（データ解析）は今や誰にとってもアクセスしやすくなっています。

☑
deadline

締め切り

例文 Deadline for the advertising proposal is EOD Thursday.

訳 広告提案の締め切りは木曜日の終わりまでです。

▶ EOD は、end of day の略。ビジネスメールなどでよく使われる。

☑
decrease

減らす、低下する

例文 Can we decrease our marketing budget without hurting our business?

訳 私たちのビジネスを傷つけることなくマーケティング予算を減らすことはできますか?

☑
deficit

赤字、不足

例文 Eliminating a budget deficit isn't as easy as simply cutting costs.

訳 赤字を解消することは、単にコスト削減するだけの簡単なことではありません。

demographic

人口統計学の

例文 Demographic data is central to all aspects of a marketing campaign.

訳 人口統計データは、マーケティングキャンペーンのすべての側面の中心です。

disruptive

破壊的な

例文 Today's top brands are changing the market environment through disruption.

訳 今日のトップブランドは、創造的破壊によって市場環境を変えています。

▶ 最近では創造的破壊など、ビジネスにおいてポジティブな意味でも使われる。

distribution

配分、流通

例文 Distribution is a crucial part of the marketing mix.

訳 流通はマーケティングミックスの重要な部分です。

diversity and inclusion

多様性の受容

例文 Diversity and inclusion has become a CEO-level issue around the world.

訳 多様性の受容は、世界中の CEO レベルの問題となっています。

▶ 雇用の機会均等と多様な働き方を指す言葉。ダイバーシティが注目されているが、それはダイバーシティ・アンド・インクルージョン（Diversity & Inclusion）の略。

ecosystem

生態系、エコシステム

例文 Companies with a business ecosystem will succeed.

訳 ビジネスエコシステムを持つ企業は成功します。

▶ 複数の組織がパートナーシップにより共存共栄する仕組み、すなわちビジネス上の生態系のことをいう。

effectiveness

有効性、効力

例文 We would like to measure the marketing effectiveness of our content program.

訳 我々は、コンテンツプログラムのマーケティング効果を測定したいと考えています。

▶ 近年、マーケティングの有効性を示すことが非常に重要になっている。

emotion

感情、情緒

例文 Emotions play an important role in our purchase decisions.

訳 感情は購入意思決定において重要な役割を果たします。

enhance

高める

例文 How can we enhance our business performance with digital technologies?

訳 デジタル技術を用いてビジネスパフォーマンスを向上させるにはどうすればよいでしょう？

estimate

見積り、概算

例文 Can I have a rough estimate of the cost for the marketing plan?

訳 マーケティングプランのコストの概算を頂けますか？

execute

実行する、執行する

例文 Your marketing plan should be the basis to execute your marketing strategy.

訳 あなたのマーケティング計画は、マーケティング戦略を実行するための基礎となるべきです。

☑
external

外部の、対外的な

例文 External marketing communication is the process of delivering marketing messages to consumers and business partners.

訳 外部へのマーケティングコミュニケーションは、消費者やビジネスパートナーにマーケティングメッセージを伝えるプロセスです。

☑
FMCG
(fast-moving consumer goods)

飲料、食品、トイレタリーなど日用消費財のこと

例文 I often hear brand managers complain about the growing complexity in FMCG marketing.

訳 ブランドマネージャーは、FMCG マーケティングの複雑さが増しているとよく訴えています。

▶ 耐久消費財は、durable consumer goods

☑
focus

集中する、焦点を合わせる

例文 Great things happen when you focus on people as much as you do on results.

訳 成果に集中するのと同じくらい、部下に関心を向けると、素晴らしいことが起こります。

☑
food for thought

発想を刺激するもの

例文 His report certainly provides food for thought.

訳 彼の報告書は確かに我々の発想を刺激するものである。

☑
forecast

予想する、予測する

例文 Sales volumes are expected to be about 10 percent lower than forecast.

訳 販売数は、予測より約 10％少なくなると予想されています。

frequency

頻度、回数

例文 Reach and frequency are important factors of an advertising plan.

訳 リーチ（広告の到達率）とフリクエンシー（広告接触の頻度）は広告プランの重要な要素です。

functional

機能的な、実用的な

例文 We wanted to develop a casual and functional product.

訳 カジュアルで機能的な商品を開発したかった。

gender equality

ジェンダー平等

例文 We are a long way from gender equality in Japan.

訳 日本は、ジェンダー平等（の達成）から程遠い。

horizontal

水平の、横の

例文 The horizontal axis shows the year.

訳 横軸は年を示しています。

▶ 横軸は、horizontal axis。x-axis ともいう。グラフの説明の際に使える。

idea

アイデア、考え、見解

例文 Sometimes a personal experience can trigger a successful business idea.

訳 時には、個人的な経験が成功したビジネスアイデアのきっかけになることがあります。

improve

改善する

> **例文** Let's focus on improving the efficiency of our team.
>
> 訳 チームの効率化を改善することに重点を置こう。

increase

増加する、増大する

> **例文** The Japanese government has set the goal to increase foreign visitors to 40 million in 2020.
>
> 訳 日本政府は 2020 年に外国人訪問者を 4000 万人に増やすという目標を設定している。

influence

影響を与える

> **例文** We need to identify the individuals that have influence over potential buyers.
>
> 訳 潜在顧客に影響を与えるような個人を特定する必要があります。
>
> ▶ 影響を与える人は、influencer。

innovative

革新的な

> **例文** She is famous for creating innovative activities in marketing.
>
> 訳 彼女はマーケティングの革新的な活動を創造することで有名です。

integrate

統合する

> **例文** Consistency is crucial to the success of any integrated marketing campaign.
>
> 訳 統合マーケティングキャンペーンの成功には、一貫性が極めて重要です。
>
> ▶ デジタル化の進展により使用頻度が増えている。名詞は integration。

☑
internal

内部の、社内の

例文 Internal campaign changed the way employees thought about everything they did.

訳 内部キャンペーンにより、従業員は自分がやっていること全てに対する考え方を変えました。

☑
invest

投資する

例文 Return on marketing investment (ROMI) is a metric used to measure the overall effectiveness of a marketing campaign.

訳 ROMI は、マーケティングキャンペーンの全体的な有効性を測定するために使用される測定基準です。

▶ metric は、測定基準。マーケティングのデジタル化に伴い使用頻度も増えている。

☑
involve

巻き込む、関係させる

例文 Involve the right people in your project.

訳 プロジェクトに適切な人材を巻き込もう。

☑
launch

発売する、始める

例文 We launched a large-scale campaign to raise awareness of ALS.

訳 ALS の認知を高めるための大規模なキャンペーンを開始しました。

▶ ALS とは、脳や末梢神経からの命令を筋肉に伝える運動神経細胞が侵される難病の一つ。

☑
loyal

忠実な、忠誠な

例文 What makes a customer loyal to a brand?

訳 何が顧客をブランドに忠実にするのか?

maintain

維持する、持続する

例文 Companies often find that maintaining their market share is as challenging as increasing it.

訳 市場シェアを維持することはそれを増やすのと同じくらい難しいことに、企業はしばしば気付いています。

market research

市場調査

例文 Market research gives you the information you need to make informed business decisions.

訳 十分な情報に基づいたビジネス上の意思決定をするために必要な情報を、市場調査は提供します。

market share

市場シェア

例文 This strategy can potentially increase our market share.

訳 この戦略は、潜在的に当社の市場シェアを拡大する可能性がある。

market size

市場規模

例文 The cosmetic market size in Japan is approximately 15 billion U.S. dollars in 2015.

訳 日本の化粧品市場規模は 2015 年に約 150 億ドルです。

maximize

最大化

例文 In theory, maximizing profits is an objective of a company.

訳 理論的には、利益を最大化することが企業の目的です。

measure

測定する

例文 Our company tracks these key metrics for measuring marketing effectiveness.

訳 当社は、マーケティングの有効性を測定するためのこれらの主要指標を追跡しています。

▶ マーケティングのデジタル化が進むにつれて、使用頻度が増えている。

---

minute

分、議事録

例文 Meeting minutes provide references for future meetings and clarification of previous meeting details.

訳 会議の議事録は、将来の会議の参考となり、以前の会議の詳細の明確化

---

motivate

動機を与える

例文 Motivated people enjoy their jobs and perform well.

訳 動機付けられた人々は仕事を楽しんで、うまくいく。

---

negotiate

交渉する

例文 Negotiating is a part of everyday life, but in business it's absolutely critical to your success.

訳 交渉は日常生活の一部ですが、ビジネスでは成功に不可欠です。

---

objective

目標、目的、客観的

例文 Business objectives are clearly defined targets that are set by management or business owners.

訳 ビジネス目標は、管理者またはビジネスオーナーが設定した明確な目標です。

opportunity

機会

例文 We see great opportunities for both organizations.

訳 両方の組織にとって大きな機会があります。

▶ ビジネスにおいては、非常に使用頻度の高い言葉の一つ。

optimize

最適化する、最大限活用する

例文 We are using big data to optimize business operations.

訳 大規模なデータを使用して業務を最適化しています。

packaging

梱包、容器、パッケージ

例文 Packaging is very important in the manufacturing operation.

訳 パッケージングは製造工程において非常に重要である。

▶ 企画書の見た目を良くするという意味にもよく使う。

physical

身体的な、物理的な

例文 Can you be physically present for the event?

訳 あなたはイベントに物理的に出席できますか?

point-of-sale
(POS)

売り場の、店頭の、販売時点の管理システム

例文 A point-of-sale (POS) system can capture valuable data for your business.

訳 POS システムは、あなたのビジネスにとって貴重なデータを収集することができます。

profit

利益

例文 Expense, revenue and profit are important factors in determining the success of your business.

訳 費用、収益、利益は、ビジネスの成功を左右する重要な要素です。

▶ revenue（収益）− expense（費用）= profit（利益）

purpose

目的、意志

例文 Purpose of business is maximizing profit for the shareholders.

訳 株主の利益を最大化することがビジネスの目的です。

qualitative

質的な、定性的な

例文 Qualitative research is used to gain insight into people's lifestyles.

訳 定性調査は、人々のライフスタイルに関するインサイト（洞察）を得るために使用されます。

quantitative

量的な、定量的な

例文 Quantitative research can help you make better business decisions by giving you measurable data.

訳 定量調査は、測定可能なデータを提供することにより、より良い経営判断を可能にします。

ratings

視聴率、聴取率

例文 TV ratings were down 8 percent last year.

訳 昨年のテレビ視聴率は 8％減でした。

reach

リーチ、届く、達する

例文 Sales for this year would easily reach 100 million yen.

訳 今年の売上高は簡単に1億円に到達するだろう。

readership

読者数、閲読率

例文 Magazine readership is declining, but the decline has been slowing down.

訳 雑誌の読者数は減少していますが、減少のスピードは減速しています。

▶ readership は、読者側から測定した数字。circulation は、発行者側から発表される数字。

reduce

減らす、縮小する

例文 The new factory will help reduce production costs in the future.

訳 新しい工場は将来の生産コストの削減に役立ちます。

relationship

関係、結び付き

例文 Lasting business relationships are built with dedicated and consistent work.

訳 永続的なビジネス上の関係性は、献身的で一貫した取り組みにより築かれます。

responsible

責任のある

例文 The manager is responsible for the team and its performance.

訳 管理職はチームとそのパフォーマンスの責任を負います。

result | 結果、成果

例文 Their business results will be released in a few weeks.

訳 彼らの業績は数週間で発表される予定です。

retail | 小売り

例文 2017 has undoubtedly been a tough year for the retailers.

訳 2017 年は間違いなく小売業にとって厳しい一年でした。

S.W.O.T. Analysis | SWOT(強み、弱み、機会、
(Strengths, Weaknesses, Opportunities, Threats) | 脅威)分析

例文 Conducting a SWOT analysis will enable you to make a solid strategic plan for your business's growth.

訳 SWOT 分析を実施することで、ビジネスの成長のためのしっかりとした戦略的プランを作ることができます。

▶ 強み、弱み、機会、脅威の 4 カテゴリーから市場機会や事業課題を発見する分析フレームワーク。

social media | ソーシャルメディア

例文 Social media is an essential way to reach your customers.

訳 ソーシャルメディアは、顧客にアプローチするための不可欠な方法です。

statistics | 統計

例文 According to the latest statistics, Japanese economy grew an annualized 2.5 percent in July-September 2017.

訳 最新統計によると、2017 年 7 ～ 9 月にかけて日本経済は年率換算で 2.5％の伸びを示した。

storyboard

絵コンテ

例文 She can draw a really good storyboard.

訳 彼女は本当にうまく絵コンテを描くことができます。

strategic

戦略的な

例文 It is critical to choose strategic locations for a successful billboard campaign.

訳 屋外看板広告キャンペーンを成功させるには戦略的な場所を選ぶことが重要です。

▶ 屋外広告は、outdoor advertising, out of home advertising という。

subjective

主観的な

例文 Style and taste are very subjective.

訳 スタイルとテイストは非常に主観的なものです。

succeed

成功する

例文 To succeed in business today, you need to have good planning and organizational skills.

訳 今日のビジネスで成功するためには、良い企画立案と組織力が必要です。

supervise

監督する、管理する

例文 I am supervising a lot of people.

訳 私は多くの人を管理監督しています。

tactics

戦術

例文 Strategy is a plan for reaching a specific goal, while a tactic is the means you use to reach the goal.

訳 戦略は特定の目標に到達するための計画であり、戦術は目標に到達するために使用する手段です。

▶ 些末なことを言うと、That is too tactical（それは戦術過ぎる）と批判されることがある。

thought starter

思考を誘発するもの、たたき台

例文 This can serve as a thought starter for a conversation with clients.

訳 これは、クライアントとの会話のための思考誘発の資料として役立ちます。

tissue meeting / tissue session

（主に事前確認のための）非公式な提案会議

例文 I've been at tissue meetings that have really helped produce better advertising.

訳 良い広告を生み出すのに本当に役立っている事前会議に出たことがあります。

▶ 広告業界やデザイン業界で時々使われる言葉。ティシューは、かつて使われていたトレーシングペーパーが語源らしい。

trademark

商標、トレードマーク

例文 Registering a trademark is the best way to protect your company, brand and reputation.

訳 あなたの会社、ブランド、評判を守る最良の方法は、商標を登録することです。

traditional

伝統的な

例文 Traditional media channels means mostly non-digital media channels.

訳 伝統的なメディアチャネルとは、主に非デジタルのメディアチャネルを意味します。

▶ このように、新しい手法に対して従来的な手法を指すときによく使われる。

☑ # TV spot/ TV commercial

テレビコマーシャル、テレビ広告

〔例文〕 30-second TV spot for the Super Bowl costs 5 million dollars.

訳 スーパーボウルの 30 秒間のテレビ広告は 500 万ドルです。

▶ 英語では TVCM とは言わないので注意。

☑ # User Experience (UX)

ユーザー体験、ユーザー経験

〔例文〕 Consumers expect the digital user experience to be easy and interesting.

訳 消費者は、デジタルユーザーエクスペリエンスに対して、簡単で面白いことを期待しています。

▶ UXとは、人工物（製品、システム、サービスなど）の利用を通じてユーザーが得る経験である。（wikiより）

☑ # value

価値

〔例文〕 The role for leaders is to create value.

訳 リーダーの役割は価値を創造することです。

☑ # vertical

垂直の

〔例文〕 The vertical axis represents market share.

訳 縦軸は市場シェアを表します。

☑ # wholesale

卸売り

〔例文〕 Wholesale prices have already nearly doubled in the past year due to supply shortages.

訳 卸売物価は、供給不足のためすでに過去 1 年間でほぼ倍増している。

宣伝会議 の書籍

「欲しい」の本質
人を動かす隠れた心理「インサイト」の見つけ方

大松孝弘・波田浩之 著

■**本体1500円＋税**
ISBN 978-4-88335-420-7

ニーズからインサイトへ。いまの時代、消費者に聞くことで分かるニーズは充たされ、本人さえ気付いていないインサイトが重要に。人の「無意識」を見える化する、インサイト活用のフレームワークを大公開。

シェアしたがる心理
SNSの情報環境を読み解く7つの視点

天野彬 著

■**本体1800円＋税**
ISBN 978-4-88335-411-5

情報との出会いは「ググる」から「#タグる」へ。どのSNSとどのように向き合い運用をしていけばよいのか、情報環境を読み解く7つの視点、SNSを活用したキャンペーン事例などからひも解いて解説していきます。

社内外に眠るデータをどう生かすか
データに意味を見出す着眼点

蛭川速 著

■**本体1800円＋税**
ISBN 978-4-88335-408-5

データ分析の中でも、統計学などの小難しい知識ではなく、誰でも身に付けられる「着眼点の見つけ方」「仮説の作り方」「戦略への落とし込み方」などの一連のスキルを、ストーリーを通して学ぶ1冊です。

養成講座シリーズ
危機管理＆メディア対応
新・ハンドブック

山口明雄 著

■**本体3000円＋税**
ISBN 978-4-88335-418-4

マスメディア×ソーシャルメディアの力がますます強まるこの時代に必要な、最新の危機管理広報とメディアトレーニングについてまとめた1冊。何か起こる前に対策を練っておくためのテキストにも、緊急時のマニュアルとしても活用できます。

詳しい内容についてはホームページをご覧ください　www.sendenkaigi.com

✻ 宣伝会議 の書籍

なぜ「戦略」で差がつくのか。
戦略思考でマーケティングは強くなる

音部大輔 著

著者が、P&G、ユニリーバ、資生堂などでマーケティング部門を指揮・育成しながら築いてきたものをベースに、無意味に多用されがちな「戦略」という言葉を定義づけ、実践的な思考の道具として使えるようにまとめた1冊。

■本体1800円＋税　ISBN 978-4-88335-398-9

半分の時間で3倍の説得力に上げる
PowerPoint活用
企画書作成術

小湊孝志 著

「資料づくりに時間がかかる」「デザインのセンスに自信がない」――PowerPoint活用時の〝イライラ〟をこの一冊で解消！表現力を上げて無駄な手間をなくすテクニックをわかりやすく解説。今すぐ使えるノウハウ満載。

■本体1800円＋税　ISBN 978-4-88335-389-7

デジタルで変わる
マーケティング基礎

宣伝会議編集部 編

この1冊で現代のマーケティングの基礎と最先端がわかる！デジタルテクノロジーが浸透した社会において、伝統的なマーケティングの解釈はどのように変わるのか。いまの時代に合わせて再編したマーケティングの新しい教科書。

■本体1800円＋税　ISBN 978-4-88335-373-6

デジタルで変わる
広報コミュニケーション基礎

社会情報大学院大学 編

この1冊で現代の広報コミュニケーションの基礎と最先端がわかる！グローバルに情報が高速で流通するデジタル時代において、企業広報や行政広報、多様なコミュニケーション活動に関わる広報パーソンのための入門書です。

■本体1800円＋税　ISBN 978-4-88335-375-0

著者紹介

松浦 良高（まつうら・よしたか）

株式会社マッキャンエリクソン プランニング本部長
エグゼクティブプランニングディレクター

博報堂、上海博報堂、TBWA\HAKUHODO を経て、2014 年 12 月より現職。
世界 100 か国以上に展開し、2 万人以上が働く世界有数の広告会社・マッ
キャンの日本支社で、戦略部門の責任者を務める。大手企業のブランド・
マーケティング戦略にかかわる業務に一貫して従事しており、特にグロー
バル関連の戦略構築業務に強い。これまで企業の国籍を問わず、100 以上
のブランドの戦略立案に関わっている。
グローバル広告業界の動向を常に分析しており、国内外での講演も多数こ
なす。マーケティングのプロとして英語を日常的に使っており、自信を持
つためのビジネス英語の研修講師を社内外にて務めている。
宣伝会議 EMC ビジネス英語講座講師。
APAC エフィー賞（広告効果）、中国国際広告祭などで審査員を務め、自身
もカンヌ国際広告祭、アジア太平洋広告祭で受賞するなど、国際的に活躍
している。
米国ジョージ・ワシントン大学国際関係学部修士。青山学院大学国際経営
学科 MBA 非常勤講師（ブランド戦略）。日本広告業協会 ビジョン小委員会
委員。

マーケティング英語の教科書
完璧ではなくても、仕事で自信を持てる英語

発行日2018年3月16日初版

著　者	松浦良高
発行者	東彦弥
発行所	株式会社宣伝会議
	〒107-8550東京都港区南青山3-11-13
	Tel.03-3475-3010（代表）
	https://www.sendenkaigi.com/
装丁・DTP	高橋明香
印刷・製本	株式会社暁印刷

ISBN978-4-88335-409-2
©YoshitakaMatsuura2018
Printed in Japan
無断転載禁止。乱丁・落丁本はお取り替えいたします。